シリーズ「遺跡を学ぶ」045

霞ケ浦の縄文景観

陸平貝塚

中村哲也

新泉社

霞ケ浦の縄文景観

―陸平貝塚―

中村哲也

【目次】

第1章　霞ヶ浦の恵み

1　陸平貝塚を訪ねる

霞ヶ浦のほとり

広大な関東平野の東端に、全国第二位の面積を誇る湖・霞ヶ浦《かすみがうら》が豊かな水を湛えている。沿岸の地域は、江戸時代には生活物資を運ぶ水運の拠点として栄え、明治以降はワカサギ漁の帆曳船が行きかう淡水漁業で賑わいをみせた。

この霞ヶ浦の南岸に、茨城県美浦《みほ》村は位置する。ＪＲＡのトレーニングセンターがあることで知られるこの村の湖岸低地には、豊かな水田が広がり、湖越しに太古から信仰の対象とされてきた筑波山《つくばさん》の美しい姿が眺望できる（図1）。

村内の幹線道路である国道一二五号線から、大谷《おおや》の交差点を県道に入りしばらく行くと、そこは「安中《あんじゅう》」とよばれる地区である。安中地区は北と東が霞ヶ浦に面し、現在干拓地となって

図１ ●霞ヶ浦と陸平貝塚
広大な霞ヶ浦はいつの時代も人びとに恵みをもたらしてきた。陸平貝塚はその南岸にある。

いる南側も、昭和三〇年代以前は、「余郷入《よごういり》」とよばれる入江であった。干拓前の三方が霞ヶ浦に囲まれていた当時は、湖水の影響で温暖な気候に恵まれ、ふくれみかんがどこの家にも植えられていた。

安中小学校先の郵便局を左に入ると、台地の麓に県下一の大きさを誇る木造の丈六薬師《じょうろくやくし》が安置された妙香寺《みょうこうじ》が見えてくる。そこから台地上の安中郷二四カ村の総鎮守である大宮神社へ登る小道が、陸平《おかだいら》貝塚（図2）への導入路である。

自然豊かな景観

では、導入路の入口にある美浦村文化財センター（陸平研究所）を出発点に、貝塚を散策してみよう（図

図2 ● 南東上空からみた陸平貝塚
白い部分が8カ所の貝塚、白点はブクブク水。
写真上方に見えるのは霞ヶ浦。

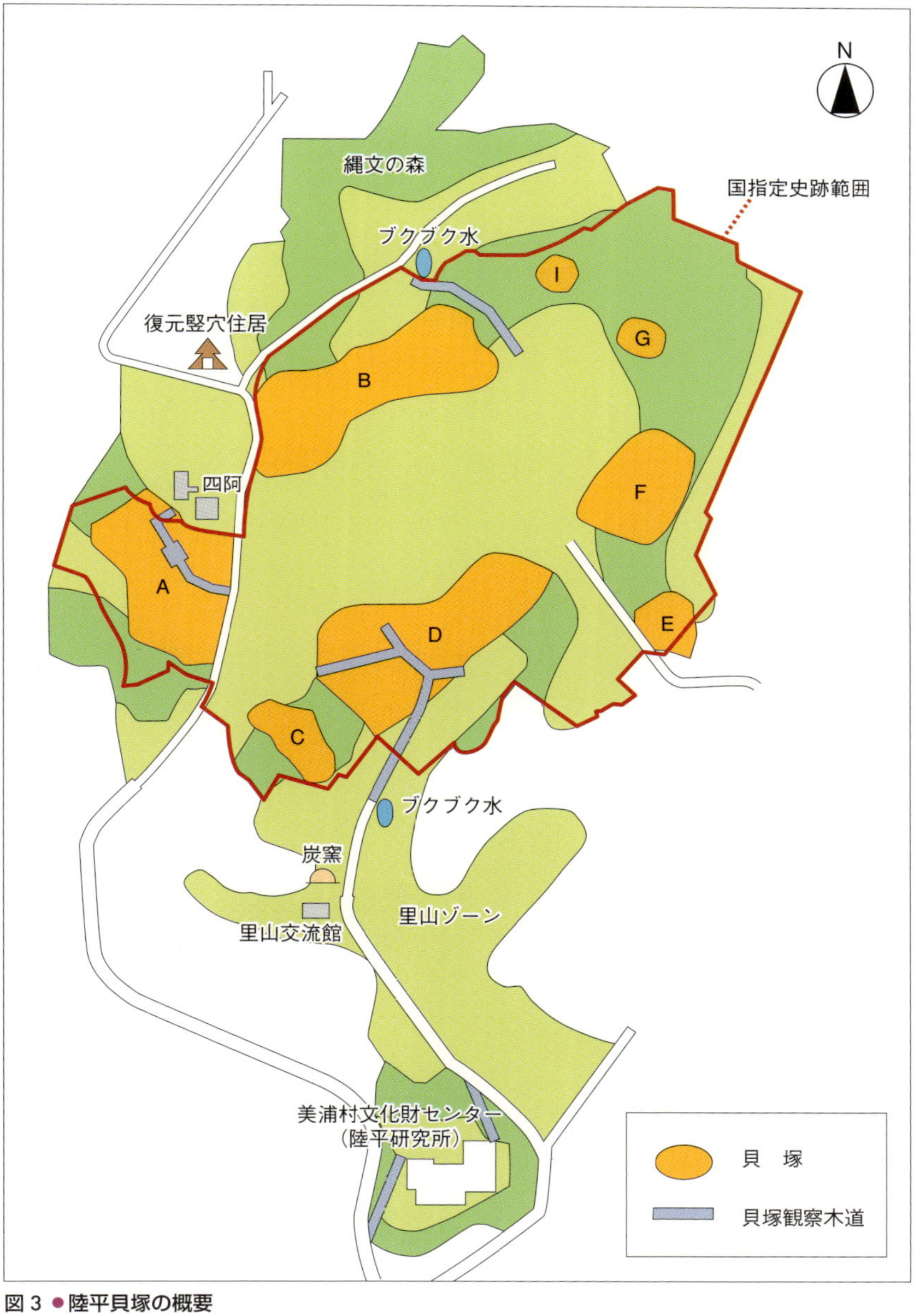

図３●**陸平貝塚の概要**
現在、陸平貝塚は「美浦村陸平貝塚公園」として、
豊かな自然環境のもとに保全されている。

3）。季節は草が枯れている冬から早春がよい。日によっては、地域のボランティアの方に案内してもらえるかもしれない。

文化財センターの展示室で、遺跡の予備知識を頭に入れた後、細い谷筋（当地方では谷津《やつ》とよぶ）を通る散策路を歩く（図4）。この谷津では古代米栽培や炭焼きなど、里山景観を復元する試みが、地元住民によって試みられている。谷奥側へ進むと、ブクブク水とよばれる湧水点がある。この滲み水は、近年まで谷津の田圃を潤していた水源であり、陸平の縄文人たちにとっても貴重な水源であったであろう。

ブクブク水の北側のクヌギやエノキが茂る斜面は、もう陸平貝塚の一部である。木道の階段を使って斜面を登ると、途中に草や落ち葉の間から白い貝殻が顔をのぞかせているのを見ることができるだろう。このD貝塚とよばれる斜面地の地表下には、長さ約一三〇メートル、幅約五〇メート

図4 ● 陸平貝塚にいたる谷津の景観
左側の林がD貝塚のある斜面。中央の木のところにブクブク水がある。

ルにわたって膨大な量の貝殻が堆積している。

階段を登りきると、目の前に面積三万平方メートル以上に達する平坦な野原が広がる。この台地平坦部を囲む斜面に、A～G、Iと名付けられた八カ所の貝塚が残されている（図2・3参照）。

野原の左手側（西側）にこんもりとタブの木が茂る場所があるが、ここは一八七九年（明治一二）に、東京大学学生の佐々木忠二郎と飯島魁《いさお》によって、日本人の手による最初の発掘調査がおこなわれたA貝塚であり、国の史跡指定を示す石碑が建てられている（図6）。

A貝塚の北方に見える手作りで復元された竪穴住居（図7）へ歩を進めると、北側から入り込んだ谷津の谷頭（谷の上端）に至る。そこから東へ続く斜面にはB貝塚が広がっている。

B貝塚は、D貝塚と並ぶ規模を有し、一九四八年（昭和二三）の東京大学の酒詰仲男による発掘では、地表から貝の層が四・七メートルにわたっ

図5 ● ブクブク水
谷奥の湧水点で、陸平の縄文人たちにとって貴重な水源であったであろう。

て厚く堆積している状況が確認されている。
また、B貝塚の西部では近年の調査によって、台地縁辺の約三〇メートル手前から貝層が存在している状況が明らかになった。つまり貝の堆積によって斜面が埋められ、台地の縁が延びているのである。

谷頭から谷津に降りていくと、ここにもブクブク水とよばれる湧水点がある（図5）。そこから再び台地上へ登る木道があるが、その左手側の杉林がI貝塚である。I貝塚は最近確認された地点で、ほかの七つの貝塚と異なり、一段低くなった斜面地に残されている。

台地の縁辺をさらに時計まわりに進むと、台地東側の斜面にG貝塚とF貝塚が続いて観察できる。I貝塚とG貝塚の間からは霞ヶ浦が望める。湖岸までの距離は、直線で七〇〇メートルもない。F貝塚の南西側はD貝塚が面した谷津の谷頭にあたり、ちょうど一周したことになる。

図6 ● A貝塚の森と国史跡指定の石碑
A貝塚のタブの森は陸平貝塚の象徴。日本人による最初の発掘はここでおこなわれた。

D貝塚に戻らず、さらに南に進むと、狭い台地に面した斜面に、残りのひとつE貝塚が林のなかに存在する。ほかの貝塚からやや離れた位置にあるこの貝塚は、字名をとって馬《ま》見《み》山《やま》貝塚ともよばれている。

以上、ゆっくり観察すると小一時間ほどかかる。考古学者の佐原真が「自然のたたずまいを、おそらく佐々木が発掘した百余年前とそう変らないまま残している陸平に、私は奇跡を見る思いで立ちました」と記したように、陸平貝塚は開発の進んだ関東地方の貝塚のなかでも、谷津の地形も含めて、周囲の景観が良好に残されている稀な遺跡である。

また、貝塚が縄文人たちが採ってきて食べた後の貝を廃棄したものであることを考えると、陸平に残された途方もない量の貝殻には圧倒させられる。まずは、自然豊かな景観のなかで、全国でも屈指の大きさを体感してほしい。

図7 ● A貝塚の近くにつくられた竪穴住居
発掘された住居跡をもとに、地域住民が設計から材料の調達、建築に至るまで、2年間かけて復元した。

2　霞ヶ浦沿岸の貝塚

貝塚密集地帯

霞ヶ浦沿岸地域は、宮城県の松島湾沿岸や東京湾沿岸と並んで、全国でも有数の貝塚密集地帯である。関東地方に限ってみると、茨城県南東部と千葉県北東部を含む、霞ヶ浦沿岸から現利根川《とねがわ》下流の地域、東京湾沿岸地域、埼玉県と千葉県北西部にまたがる現江戸川や荒川流域に、貝塚が集中している（図8）。

これらの貝塚地帯がつくれたのには、縄文時代の前期にピークを迎える海進現象がかかわっている。現在も海に面した東京湾沿岸は別として、現江戸川・荒川流域は海進時に海が内陸深く入り込み、奥東京湾を形成した地域であり、霞ヶ浦と現利根川下流域は、太平洋の鹿島灘《かしまなだ》を湾口とし、北浦《きたうら》や現鬼怒川《きぬがわ》下流域にまでおよぶ「古鬼怒湾」とよばれる一連の内湾であった。奈良時代に成立した「常陸国《ひたちのくに》風土記《ふどき》」にみえる「流れ海」という表現や浮島の「塩火き」の記述などは、縄文時代以後も霞ヶ浦に海水や潮の干満の影響があったことを物語っている。

現利根川下流域の貝塚については、戦後、早稲田大学の西村正衛によって継続的におこなわれた調査成果があり、千葉県や埼玉県の貝塚については、貝塚文化が栄えた代表的地域として古くからの研究の蓄積がある。最近では、西野雅人による千葉県全域を対象にした体系的な労作が出されており、本書をまとめるにあたってたいへん参考になった。

そこでまず先学の調査・研究をもとにして、霞ヶ浦沿岸から現利根川下流域の貝塚の立地や

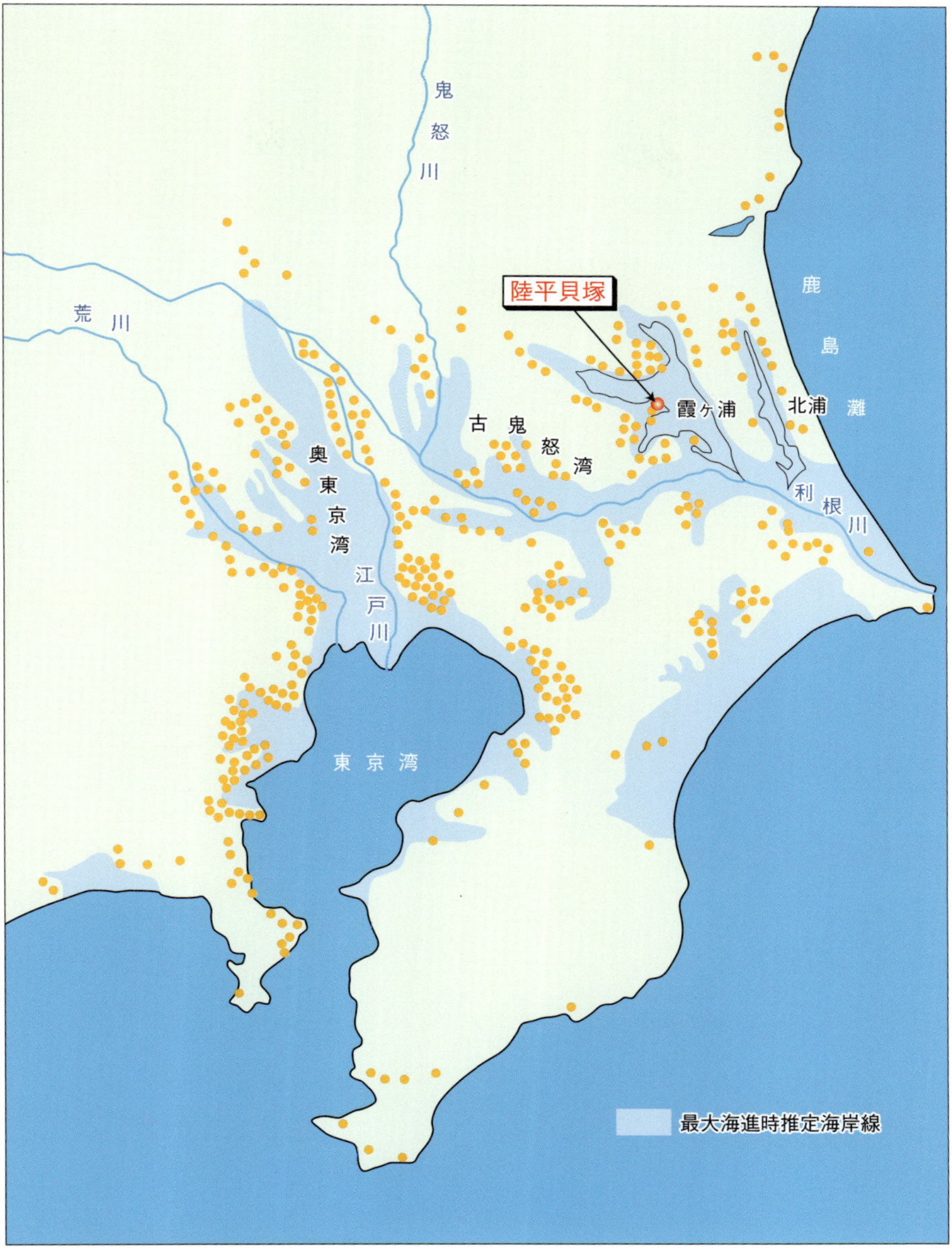

図８ ● 関東地方の縄文時代の海岸線と貝塚
霞ヶ浦沿岸から現利根川下流の地域、東京湾沿岸地域、現江戸川・荒川流域に貝塚が密集している。

にしておこう。

形状・規模といった貝塚の外観の特徴を、ほかの地域の貝塚と比較することによって明らかにしておこう。

斜面貝塚・環状貝塚

まず貝塚の外観による類型分けについて整理しておこう（図9）。

竪穴住居跡内や土坑内に形成されることが多い小規模な貝塚を「地点貝塚」という。そして台地の斜面部に十数メートルから数十メートルの範囲に貝の層が累積して残されている、面的に広がりをもつ貝塚を「斜面貝塚」という。ただし、同様の規模の貝塚でも、斜面部ではなく、台地上の平坦部に住居跡などの遺構をおおうように面的に広がっている貝塚もある。これは「面状貝塚」とよんでおこう。

さらに、これら外観から見てまとまりのある貝塚がいくつか複合しているものがある。地点貝塚が複数みられるものを「点列貝塚」などとよぶが、これは住居跡の配列や変遷を反映している場合が多く、環状に並ぶものもある。

一方、斜面貝塚がひとつの台地を囲むように複数カ所ある場合や、面状貝塚が累積して台地の中央部を囲むように形成されたものを「環状貝塚」もしくは「馬蹄形貝塚」などとよんでいる。これらは当然のことながら大規模な貝塚となる。

以上の類型を踏まえ、まず千葉県域にあたる東京湾東岸地域の貝塚を概観しよう。縄文時代早期〜中期前葉の時期は、早期後葉に集落遺跡の増加によって地点貝塚や点列貝塚をともなう

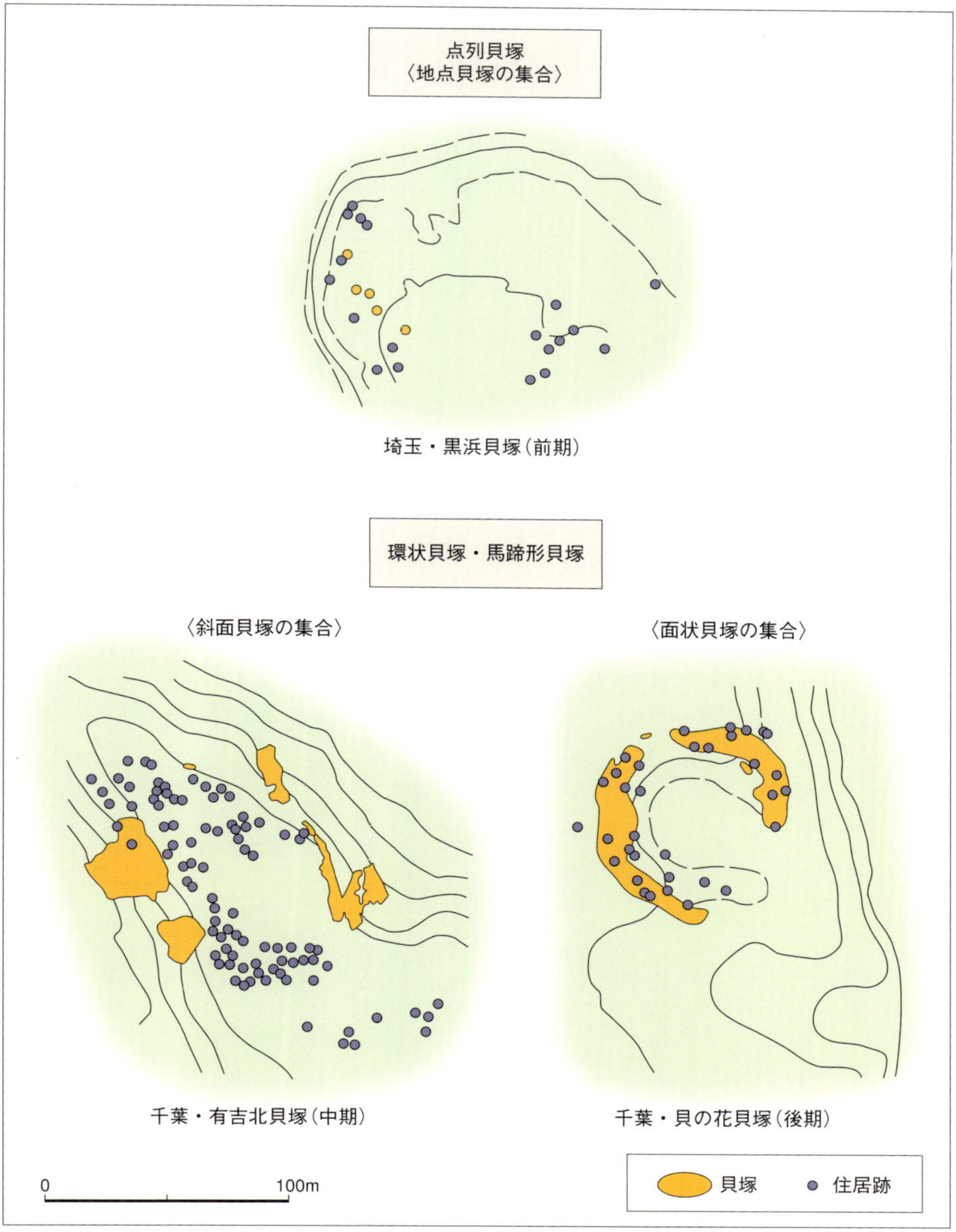

図９ ● 貝塚の類型
貝塚は規模や形によって分類できるが、その背景には当時の生活様式の違いが見通せる。

遺跡が目立つものの、全体としては貝塚の形成は低調である。

ただし注意されるのは、集落をともなわない「ハマ貝塚」とよばれる貝塚がこの時期にみられることである。ハマ貝塚は当時の海岸線近くの低地に形成された貝塚で、貝採取を含む漁撈の作業・廃棄場と考えられている。

続く中期中葉〜後期前葉の時期には、大型の環状貝塚や馬蹄形貝塚が爆発的に出現する。これらの大型貝塚は斜面貝塚の複合であったり、面状貝塚の複合であったりするが、貝塚の形成にともなって数十軒〜一〇〇軒におよぶ住居跡が残されている場合が多い。千葉市の加曽利《かそり》貝塚などはその代表的な貝塚である。なお、この時期でも中期末葉〜後期初頭の期間には、いったん大型貝塚は衰退する。そして、後期中葉以降、徐々に貝塚は形成されなくなっていく。

一方、奥東京湾沿岸ではほとんどが前期の貝塚で占められ、中期以降、貝塚の形成は低調となる。そして前期の貝塚は一部面状貝塚もみられるものの、そのほとんどが集落にともなった点列貝塚である。現在、内陸部にあるこれらの貝塚は、前期にピークに達した縄文海進にともなって残されたものととらえられている。

では最後に、陸平貝塚が属する古鬼怒湾のなかでも、霞ヶ浦から利根川下流域に続く地域の貝塚を概観しよう。

この地域は早期〜晩期まで斜面貝塚がみられることが大きな特徴となる。早期や晩期の斜面貝塚はさほど数は多くないが、中期〜後期にかけては環状貝塚が形成されるようになり、数も増加する。ただし、同じ大型貝塚でも、東京湾東岸のものとくらべると、大半が斜面貝塚の複合であり、面状貝塚がほとんどみられないのが大きな違いである。霞ヶ浦沿岸地域の貝塚は「斜面貝塚」がキーワードとなる。集落跡との関係にも興味深い点があるが、これについては後章でふれる。

陸平貝塚も当地域の大型貝塚のひとつといえるものであるが、ほかにみられない特性もある。それは、ほかの大型貝塚の多くが中〜後期の限られた期間に形成されたのに対し、陸平貝塚では早期〜後期にいたる約四〇〇〇年間、貝塚が形成され続けられたことである。早期から後期にいたるまでの貝塚が残された遺跡は、関東地方のなかでも陸平貝塚だけと思われる。

第2章　貝塚を調べる

1　内海に浮かぶ島

陸平貝塚のある台地は、周囲約七・五キロ、標高二〇～三〇メートルの独立した島状の台地である。台地内には谷津が樹の枝のようにわかれ、陸平貝塚はその谷頭が集まった台地中央部に位置している。ここではこの台地を「安中台地」とよんでおこう。

一九八七年、美浦村では安中地区の開発計画にともない、陸平調査会を組織し、陸平貝塚の保存を推進するための総合的な調査を開始した。その調査の一環として阪口豊や鹿島薫、松原彰子の研究グループによって、縄文海進時に安中台地周辺で海がどのように広がっていたのか調査された。調査の柱となったのは、珪藻《けいそう》分析とよばれる方法である。珪藻は水中に棲む微生物で、淡水、海水など生息環境によって種類が異なることが知られている。そのことを利用し、地中に残された過去の珪藻化石をボーリングなどで採取し（図10）、調べることにより、当時の水域環境を復元するのである。

さて、安中台地に形成された複数の谷津の低地で調査を実施したところ、海抜約二～四メートルを上限とする地層から、海水もしくは海水と淡水が混じり合う汽水域《きすいいき》に生息する珪藻の化石が検出され、その地層の下限の年代は、縄文時代前期の終わりから中期のはじめ頃にあたる約五〇〇〇年前と推定された。

このことは約五〇〇〇年前以前の最大海進時には、海面が現在より二～四メートルほど上昇し、台地内の谷津の奥まで海が入り込んでいたことを示す（図11）。もっとも近い当時の海岸線は、陸平貝塚から数百メートルも離れていない場所にあたる。

ただし、海水の進入が認められたのはA貝塚とB貝塚に至る谷筋であり、D貝塚に至る谷筋では、同じ水準の地層からは海域の珪藻化石が検出されていない。この谷津の谷口には、砂州などの海の進入を妨げる地形的な障害があったらしい。

また、縄文時代後期中頃にあたる約三六〇〇年前には、かなり海が後退し、台地内の谷津から海水性の環境が消失していたことも明らかになった。

これら海水の影響が認められる地層が検出されたもっとも谷奥側の地点は、地形図上で標高六

図10 ●ボーリング調査風景

図 11 ● ボーリング調査の位置と縄文時代の海域
緑の中の水色の部分のように、陸平貝塚のすぐ近くまで海が入り込んでいたことが明らかになった。

メートル前後の場所に位置する。仮に海進以後、土地の隆起や沈降がなく、土砂の堆積が一定であったとすれば、この六メートルの等高線のラインが当時の海岸線の目安となる。

前述したように、近年まで安中台地は三方が霞ヶ浦に囲まれており、唯一陸続きの西側は、水田や集落が広がる低地や微高地になっている。標高六メートルの等高線を追っていくと、この西側の低地は海域となり、安中台地は周囲の台地と切り離された島となる（図12）。

陸平貝塚が残された台地は、〝陸平島〟ともよべる海に浮かぶ島であり、周囲には貝の生息や採集に適した干潟などが広がっていたと想定されるのである。

図12 ● 田植え時期の安中台地
水の張られた田んぼが、縄文時代の海の様子を想像させる。

2　貝層のあり方

貝塚の広がり

一九八七年の総合調査の最初におこなわれたのは、貝塚の広がりを調べる範囲確認調査であった。ボーリングステッキとよばれる一メートルほどの鉄の棒を地面に突き刺し、地中の貝殻の有無を確認していく。

その結果、いままで知られていたA〜Gとした七つの貝塚の範囲が明らかになったほか、新たにI貝塚の存在が確認された。続いて、台地上の平坦部においては、地下レーダーによる地中の探査も合わせておこなわれたが、その結果は、ボーリングステッキによる範囲とほぼ合致するものであった。

地形図でみると（図25参照）、それぞれの貝塚は尾根部や尾根状に張り出した斜面地によって区切られた凹んだ場所に形成されている。E貝塚やD貝塚東部では、貝塚形成以前に斜面が崩落した痕跡が認められており、陸平の縄文人たちはそのような地形を選んで貝塚を残したらしい。

また、斜面の途中に形成されたI貝塚を除き、各貝塚は台地縁辺の平坦な場所から斜面にかけて広がりをみせており、台地側から貝が廃棄されていたことを物語る。とくに、B貝塚やD貝塚では、斜面下の谷底にまで貝殻の分布が確認され、あらためてその規模の大きさが把握された。

貝層の時期

陸平の各貝塚は、縄文人たちが貝殻の廃棄を繰り返した結果つくられたものなので、貝が層として堆積している。いままでにおこなわれた発掘調査によって、いくつかの地点の貝層で、時期が明らかになっている。まず、D貝塚の東部では、縄文時代早期後葉（条《じょう》痕文《こんもん》期）の貝層が、中期の貝層の下から検出されている（図13）。いまのところこれが陸平で確認されたもっとも古い貝層である。

続く前期では、後葉の時期（浮島《うきしま》Ⅲ式期）にあたる貝層がE貝塚で確認されているが（図14）、表面で採集された土器をみると、E貝塚は前期にほぼ限られるらしい。

中期では、初頭（阿玉台《あたまだい》直前〜阿玉台Ⅰa式期）の貝層がB貝塚の西部で（図15）、前〜中葉（阿玉台式期）の貝層がA貝塚（図16・17）とB貝塚西部、そしてD貝塚の東部で、後葉（加曽利E式期）の貝層がA貝塚とG貝塚でそれぞれ検出された。

図13 ● D貝塚の縄文早期の貝層断面
右端の貝層は縄文中期前葉のもの。その下から土層をはさんで、マガキ、ハイガイを主体とする早期の貝層が発見された。

図 14 ● E 貝塚の縄文前期の貝層断面
貝層中の土器は縄文前期後葉の浮島式土器。
ハマグリが主体。

図 15 ● B 貝塚の縄文中期初頭の貝層
土器とともにイノシシの下顎骨が発見された。

図 16 ● Ａ貝塚の縄文中期前葉の貝層平面
台地縁辺の傾斜を埋めるように貝が堆積している。

図 17 ● Ａ貝塚の縄文中期前葉の貝層断面
上部はハマグリが多く、下部にはオキシジミが目立つ。

後期については、初頭（称名寺式期《しょうみょうじ》）の貝層がD貝塚西部で確認されている。なお、後期前〜中葉（堀之内式《ほりのうち》〜加曽利B式期）の貝層については、細かい地点は把握されていないが、昔の調査の記録などから、A貝塚、B貝塚西部、D貝塚西部付近に存在することは確実と思われる。

以上のように、早期、前期では地点が限られるが、中期、後期になると複数の地点にわたって盛んに貝層が形成された様子がうかがえる。陸平においてて環状に貝塚が形成されはじめるのは、中期以降といえる。

また、前期の前半のように抜けている時期もあるが、調査されたのがごく一部であることを考えると、より新しい時期の貝層も含めて、まだまだ未確認の時期の貝層が埋もれている可能性は高い。大量の貝が残された要因のひとつに、少なくとも約四〇〇〇年の期間にわたって、連続的に貝層が残されたことを想定することは許されるであろう。

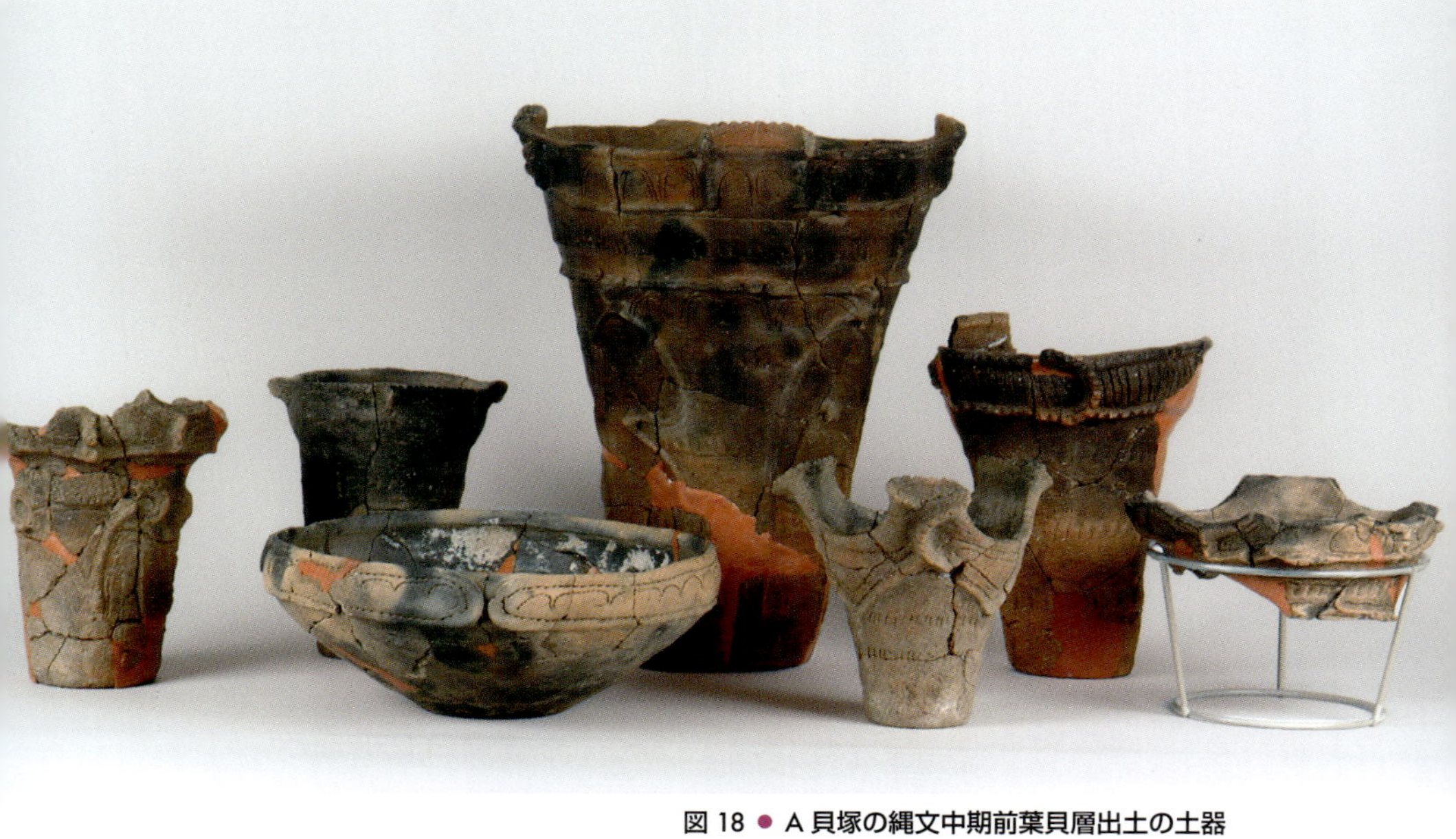

図18 ● A貝塚の縄文中期前葉貝層出土の土器
貝を捨てはじめるときに、まとめて残されたもの。阿玉台式とよばれる東関東独自の土器。

3　大量の貝殻・魚骨

貝層の貝

陸平貝塚では現在までに、早期後葉、前期後葉、中期初頭、中期前葉、中期後葉、後期初頭の貝層のサンプルがえられており、それぞれの貝層を構成する貝の種類やその割合が明らかになっている。存在が確実な後期前葉や後期中葉のサンプルは採集されておらず、その分析は今後の課題となるが、一遺跡で早期から後期初頭までのおおまかな時期別の比較ができるのは、陸平貝塚ならではといえる。

図20は、時期別の貝層における貝の種類別組成である。時期ごとの大きな違いとして、早期後葉では内湾の泥質干潟に生息するマガキ、ハイガイが主体を占めるのに対し、以後の時期ではハマグリを最多として、内湾の砂泥質の干潟に棲む二枚貝のシオフキ、サルボオ、小さな巻貝であるウミニナ、ホソウミニナなどが主体を占めている。

早期の貝塚にマガキ、ハイガイが多いのは、縄文海進の開始にともなってみられる広域的な現象で、急激な海面上昇によって、内陸の谷へ海水が浸入し、マガキ、ハイガイの生息に適した泥質干潟が広く形成されていったと考えられている。

その後、海面上昇がゆるやかになるとともに、周辺からの砂礫の堆積が進み、今度はハマグリなどの生息に適した砂泥質干潟が、陸平貝塚周辺では広く形成されるようになった。前期以降のサンプルの中には、塩分が薄い汽水域に生息する貝や・淡水産の貝がほとんど混じっておらず、この砂泥質干潟が後期初頭まで維持され、陸平縄文人たちの貝の採集を支えていたものと思われる。

このほかにグラフで目立つ傾向として、A貝塚の中期前葉の古い段階（阿玉台Ｉb式期）に泥質干潟に生息するオキシジミが多いことと、中期前葉の新しい段階（阿玉台Ⅱ式期）以降、サルボオが目立つようになることがあげられる。とくに、同じ中期前葉の古い段階でもD貝塚東部では、ハマグリが主体でオキシジミは少なく、同じ時期でも違いがある。要因のひとつとしては、それぞれの採集地域における局所的な生息環境の変化とともに、縄文人たちの嗜好性の違いも考えていかなくてはならないであろう。

このように貝層には縄文人たちが食用として意識的に選択採取していた貝のほかに

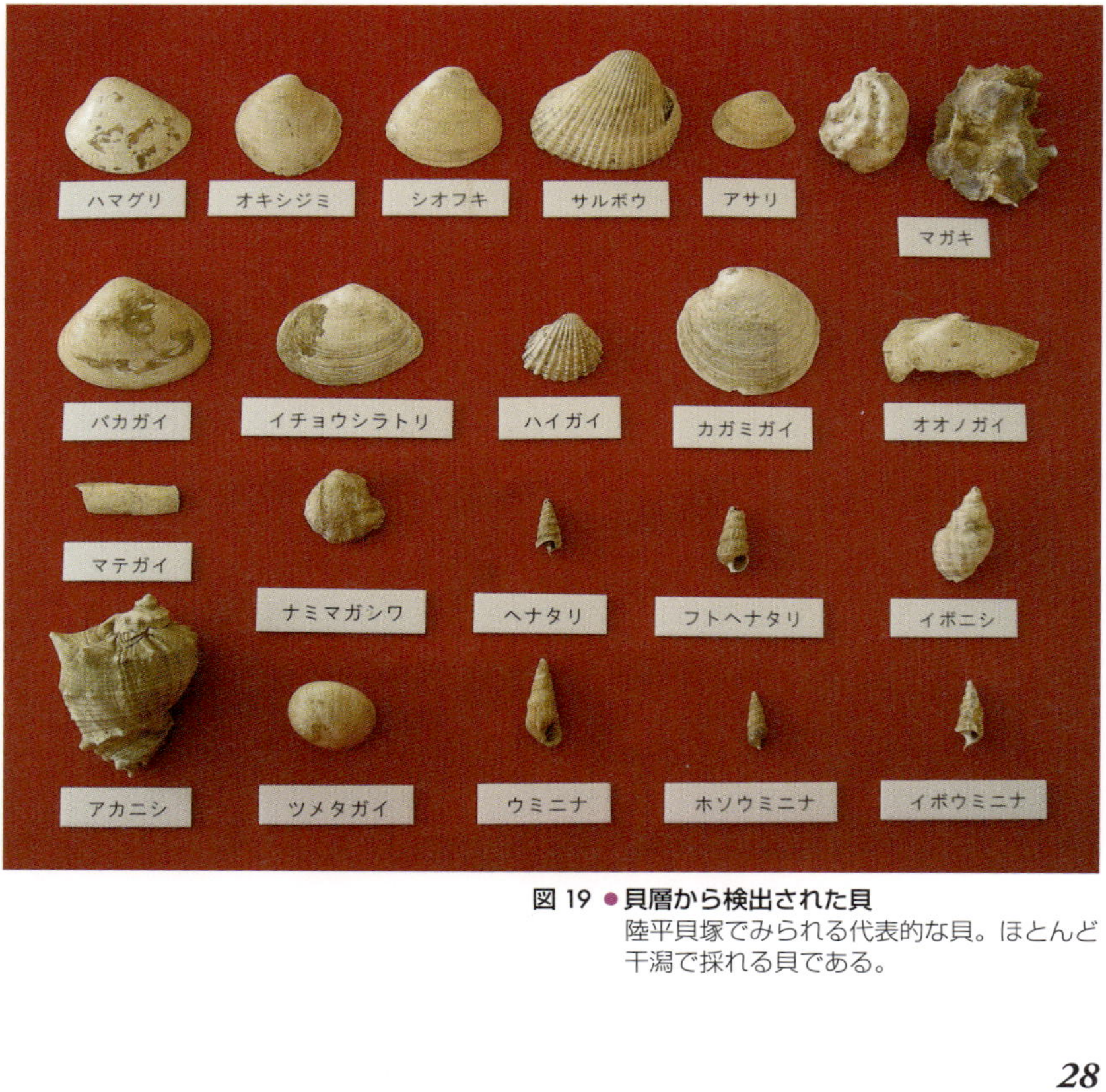

図 19 ● **貝層から検出された貝**
陸平貝塚でみられる代表的な貝。ほとんど干潟で採れる貝である。

も、たまたま一緒に採取してしまった貝も含まれていたであろう。小さな巻貝などはその可能性もある。

さらに、貝塚には数ミリ程度の微小な陸産貝が混入している。これらの陸産の貝は、貝塚が形成されたときに、そこを住処としていた貝が貝層の中に残ったものである。これらの微小貝は林や開けた野原など、珪藻と同じように種類によって生息場所が異なることが知られており、種類を調べることによって当時の植生環境が復元できる。

黒住耐二の分析によると、大部分の貝層からは下草の茂った林の中に棲むイブキゴマガイやヒメギセルと、野原のような開けた場所を好むホソオカチョウジガイやヒメコハクガイ類の両者が検出されており、人の手によって開かれた場所と、比較的自然度の高い林が隣接して存在していたことを

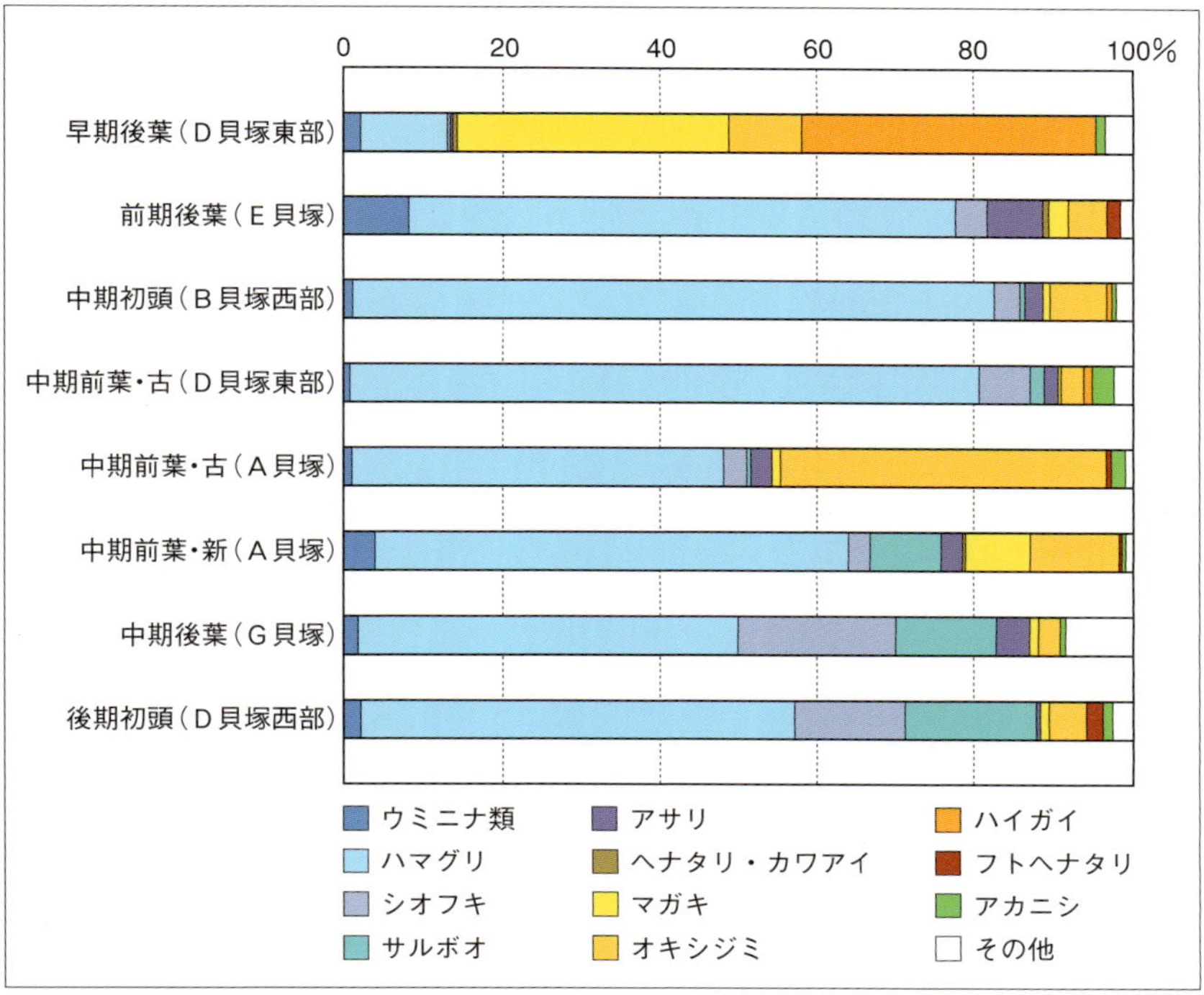

図20 ● **時期別の貝種組成**
貝の種類から、当時の海辺の環境が推定できる。

想像される。また、前期後葉のE貝塚では前者の林の中に住む種類が多く、以後徐々にその割合が減少し、後期初頭では後者の開けた場所に棲む種類の割合が高くなる傾向も認められた。これは、人びとの居住によって徐々に林が開かれていった状況を示唆しており、後に述べる陸平貝塚における人びとの居住のあり方を考えるうえで興味深いデータである。

検出された獣・鳥・魚の骨

貝層の中には、貝殻だけでなく、当時の人びとが食用にしていた動物や魚の骨などが残されていることが多い。というのも、日本の土壌は酸性が強いため、骨は普通腐朽してしまい遺跡には残らないが、貝塚では大量の貝殻が土壌をアルカリ性に保つため、魚骨などの細かい骨まで遺存するのである（図21）。

図22は中期前葉の貝層から検出されたイワシな

図 21 ●貝層から検出された魚などの骨
上：5mm 篩（ふるい）、左：2.5mm 篩、右：1mm 篩を使った水洗選別でみつかった骨。

どのニシン科の魚のウロコである。オキシジミの貝殻の中に詰まっていたもので、貝殻を使ってウロコをそぎ落としたものがそのまま中に残されたものと考えられる。状況がよければ、このような薄く微細な動物遺体までもが五〇〇〇年近くも保存されることには驚かされる。まさに貝塚がタイムカプセルとよばれるゆえんである。

これらの微細な動物遺体は、発掘の現場ですべてを採集することは困難である。そのため、遺跡から貝層をサンプルとして採集し、篩《ふるい》にかけて細かい骨などを抽出する水洗選別の方法がとられる。陸平貝塚の調査では、現地で採集したもののほかに、五ミリ、二・五ミリ、一ミリ方眼の篩を使い、骨類を採集した。

さらに、背骨や顎の骨など部位ごとにばらばらに出てくる骨が、何の骨かを現生標本に照らし合わせながら同定するのもたいへんな作業で、豊富な知識と経験を要する。

つぎに、樋泉岳二による分析成果をもとに、陸平の各時期の貝層に含まれていた貝以外の動物遺体についてみてみよう。

図23〔1〕は貝層サンプル一〇キログラム当たりの骨類の検出標本数である。

現地採集と五ミリの篩で検出されたやや大きめのも

図22 ●貝層から検出されたニシン科の魚のウロコ
貝殻の中に固まって残されていた。
貝殻でウロコをそいだのであろう。

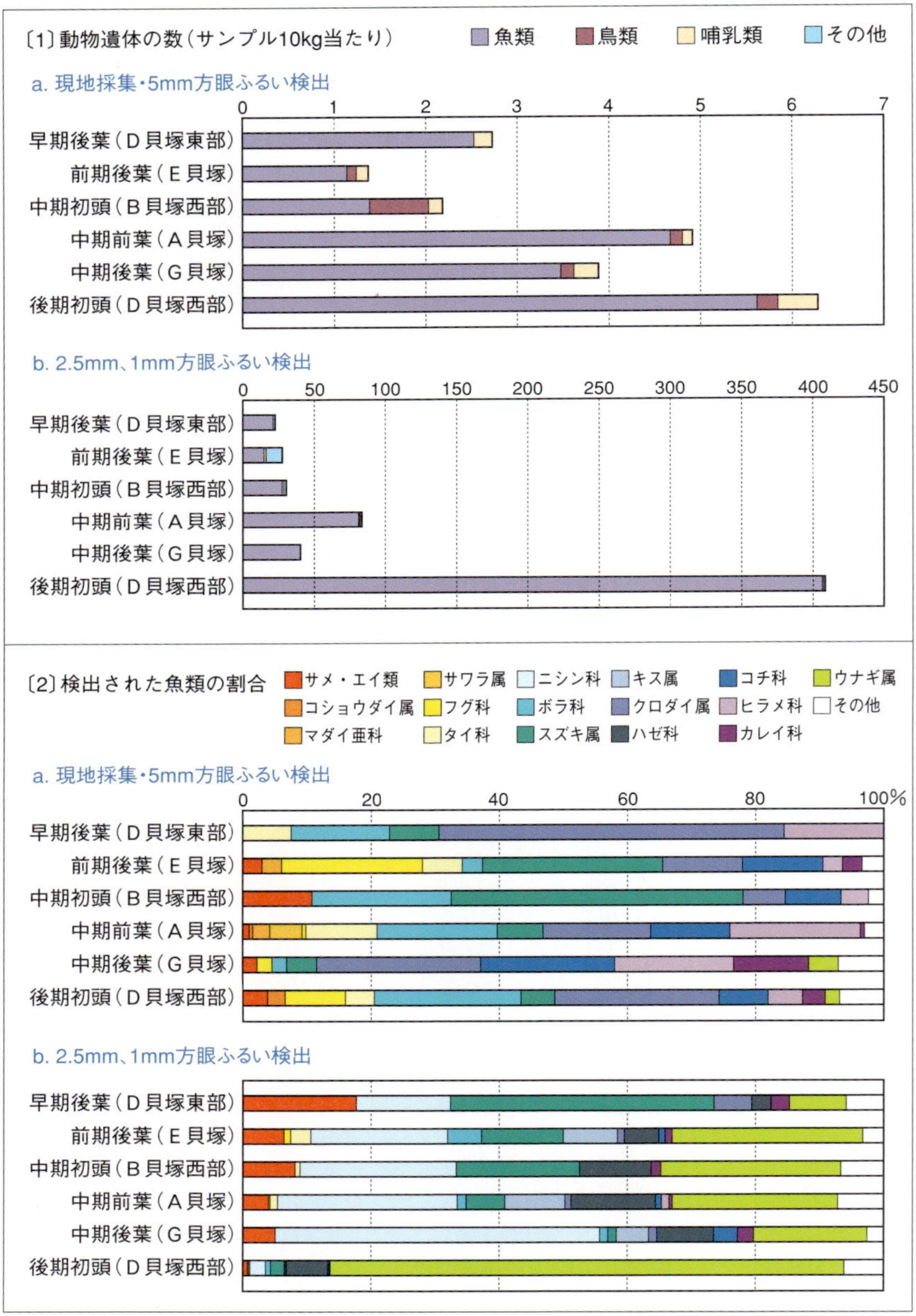

図 23 ● 時期別の魚類組成
内湾に棲息する魚とウナギが多い。

のでは、シカやイノシシなどの陸棲の哺乳類や鳥の骨もみられるものの、魚類の割合が多い。魚類は時期が下るにつれて検出量が増える傾向にあるが、サンプルが限られたものなので、現段階では明確な時期差とはいい切れない。

一方、二・五ミリと一ミリの篩で検出された細かいものは、ほとんどが魚の骨で占められる。早期後葉〜中期後葉までは検出量に大差はないが、後期初頭の貝層だけが突出する。

つぎに、主体を占める魚類の内訳を示したものが図23〔2〕のグラフである。

現地採集・五ミリでは、各時期とも内湾や河口付近に回遊してくるボラ、スズキ、クロダイ、コチ、内湾の浅瀬に棲むヒラメなどのやや大型の魚の割合が多く、当時内湾であった霞ヶ浦の状況を色濃く反映している。そのほかにはコショウダイやマダイ、サワラなどの外洋域に生息する大型魚が少数みられるが、内海に迷い込んだものを採ったのか、外海まで出向いた漁をしていたのか、あるいは他の集団から手に入れたものなのか、現状で判断するのは難しい。

二・五ミリと一ミリのものでは、スズキの幼魚とともにイワシなどのニシン科やキス、ハゼ、ウナギなどの小型魚が主体を占めるようになる。ニシン科、キス、ハゼはやはり内湾に回遊・生息する種類であり、ウナギは海近くの淡水域で捕獲していたものと思われる。

早期後葉〜中期後葉までは、時期が下るにつれスズキが減り、ニシン科が増える傾向はあるものの、その組成に大差はない。

一方、後期初頭ではウナギの割合が激増しており、同時期の検出量の増大がウナギの大量捕獲によるものであることがわかる。霞ヶ浦の対岸に位置する茨城県行方《なめがた》市の於下《おした》貝塚の中期末葉〜後期初頭の貝層からもウナギの骨が大量に出土しており、ウナギの増加は当地域における時期的傾向と思われる。

縄文海進のピークが終わり、海が徐々に退いていくなかで土砂の堆積が進み、海水の浸入がみられない淡水域が多く出現した状況が考えられる。ちなみに、早期〜中期でもウナギが一定量捕獲されているが、それには縄文海進当初から、海水が侵入していなかったD貝塚に至る谷津などが、近場の淡水域として活用されていたことも想像させる。

哺乳類と鳥類については、シカやイノシシ、ウサギ、カモ、キジなどがみられるが、検出量は多くない。ノウサギとキジは人里を代表する動物であり、当時の遺跡周辺の植生が人の手の加わっていた可能性を示し、陸産貝の分析結果とも合致する。

以上はごく限られた貝層サンプルの結果であり、今後は、後期前葉以降のサンプル分析とともに、同一時期の貝層における動物遺体の量や組成の細かい違いを調べていく必要がある。ただ、シカやイノシシなどの陸獣の割合が少ないことと、ウナギを除けば早期〜後期初頭にかけて、魚の量や種類がおおむね一定であることを覚えておいていただきたい。

海に囲まれた陸平貝塚は、各時期を通じて、貝も含め内湾域の海の幸が安定して供給される環境にあったことを物語っている。

第３章　陸平縄文人の暮らし

1　集落の痕跡

中・後期の集落

猛暑が続いた一九八七年の夏、前述した総合調査の一環として、遺跡の確認調査が、六つの大学の研究者や学生、それに地元の住民も参加しておこなわれた。この調査の目的はいくつかあったが、そのうちの一つは、斜面に大量の貝を残した人びとの住んだ跡、つまり集落跡の確認にあった。陸平貝塚は古くからいく度となく調査がおこなわれてきたが、その多くは貝層部分の小規模な発掘に限られ、住居跡などの集落のあり方はほとんどわかっていなかったからである。

一般に、貝塚が環状に形成される遺跡では、貝塚に囲まれた台地上や貝塚の下に住居跡が存在していることが多い。そのため陸平貝塚の確認調査でも、台地上にトレンチとよばれる二×

一〇メートルほどの発掘区を計二三カ所設定し、住居跡などの遺構の確認がおこなわれた（図24・25）。

　調査の結果、B貝塚西部の台地縁辺部に設けられた発掘区から、縄文時代中期の住居跡と思われる遺構が三軒重なってみつかった（図26）。いずれも台地縁辺を埋めるように堆積した貝層を掘り込んでつくられた竪穴住居で、そのうちの一軒には住居跡内にも小さな地点貝塚が残されていた。

　また住居跡のみならず、A貝塚付近の発掘区からは、中～後期の「埋甕《うめがめ》」とよばれる地中に土器を埋設した施設が集中してみつかった（図27）。埋甕は乳幼児を埋葬した墓とも、新生児の発育を願って胎盤を納めたものとも考えられている。

　いずれにせよ誕生、死亡という人の一生にかかわるものといえ、縄文人がいく世代かにわたり、ある程度継続的に陸平の地で暮らしていたことを物語っている。ちなみに、明らかに大人の墓であるといえるものは現在みつかっていないが、貝層の中から成人の骨が検出されており、墓が存在する可能性は高い。

図24 ● トレンチによる確認調査風景
猛暑のなか調査がおこなわれた。集落跡の一部がはじめて明らかになった。

図25 ● 陸平貝塚で確認された縄文時代の遺構
図中の細長い長方形の枠線が1987年度調査時のトレンチ。
中〜後期の遺構は、貝塚寄りの台地縁辺部で確認された。

さらに確認調査から一〇年後の一九九七年冬、再びA貝塚の北側にあたる台地縁辺部で発掘調査が実施された。一七〇平方メートルほどの狭い範囲の調査であったが、縄文時代中期と後期の竪穴住居跡が重なって発見された（図28）ほか、中期の埋甕一基、それに木の実などを貯蔵したと思われる土坑数基がみつかっている。

発掘された竪穴住居跡は、長さ四・三メートルと五・四メートルの楕円形に地面を浅く掘り込んだもので、中央に赤く焼けた炉跡があった。壁際には柱を立てた穴が不規則に配され、床面の一部は踏み固められ硬くなっていた。また貯蔵穴は、径二メートル、深さ六〇センチほどに掘られた穴で、壁がオーバーハングしているのが特徴である。

以上、一九八七年と九七年の二回の調査により、縄文時代中期から後期に貝塚を残した縄文人たちの集落が、台地上にあったことが明らかになった。調査の成果からは、斜面貝塚に面する台地縁辺部に、住居が集中してつくられている傾向がうかがえる。ただし、台地縁辺部でも住居跡が確認されない発掘区もあったことから、複数の限られた地点に繰り返し住居がつくられていたらしい。

図26 ● B貝塚西部の住居跡確認状況
白線で囲われているのが住居跡で手前の重なった3つが縄文時代のもの。

図 27 ● 埋甕
A 貝塚東側で発掘された縄文後期前葉の埋甕。

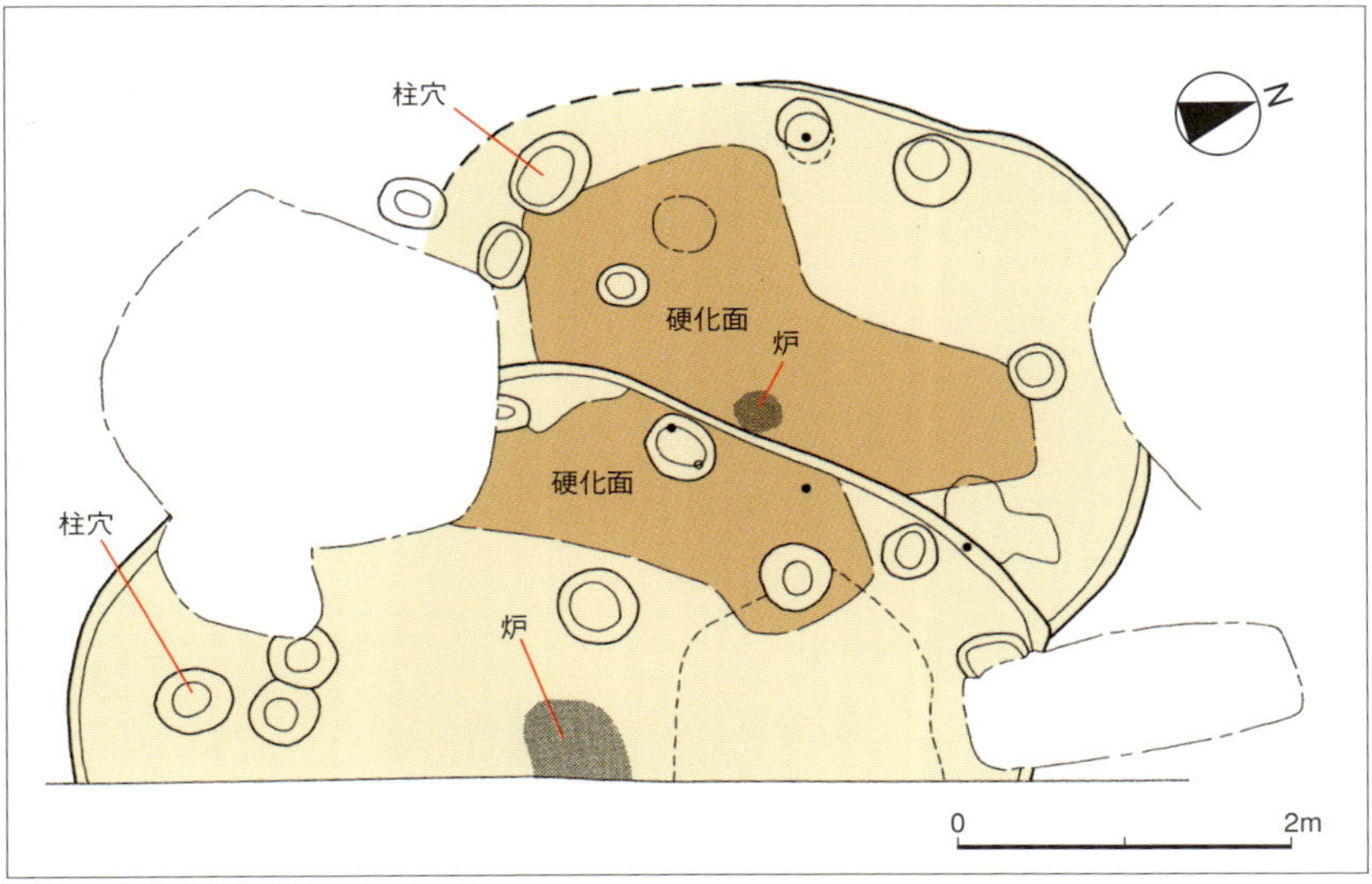

図 28 ● A 貝塚北側で発掘された竪穴住居跡
図上方の中期の住居を半分壊して、下方の後期の住居がつくられていた。両住居とも中央に炉がある。

早・前期の痕跡

貝塚が複数地点に大量に残された縄文時代中期や後期に、その貝を残した縄文人たちの集落が貝塚に接してつくられていたことは、ある意味自然なことといえる。

一方、前章で述べたように、陸平貝塚では地点は限られるものの、縄文時代早期や前期の貝層も存在する。一九八七年の確認調査の際、早期の貝層が検出されたD貝塚東部や、前期の貝塚であるE貝塚に面する台地上にも、トレンチによる発掘区を設定したが、住居跡は確認されなかった。もちろん設定された発掘区はごく限られたものなので、未調査の場所に該期の住居跡が存在する可能性はある。

これらの発掘区からは縄文時代の遺物の出土も少なく、早期の貝層の東隣にあたる発掘区から、「炉穴《ろあな》」と考えられる遺構が数基確認されたにすぎない。炉穴（図29）は縄文時代早期に特有な遺構で、土坑の一部に火を焚いた痕跡が残り、煙突状の掘り込みがともな

図29 ● 炉穴（周辺遺跡の事例：下の下遺跡）
縄文時代早期に特有な遺構で、一部に火を焚いた痕跡が残っており、屋外の調理場ともいわれている。

う場合もある。また、単独で存在する場合は少なく、重なりながら密集してつくられることが多い。その性格についての定説はないが、屋外の調理場ともいわれている。これらの炉穴は、早期の貝層を残した人びとが活動した痕跡といえるものであるが、必ずしも継続的に、陸平の地に住んでいたことを示すものではない。

陸平貝塚に全体で何軒ぐらいの住居跡が残されているのか、また一時期に何軒くらいの住居があったのかといった詳細な情報は、将来の調査に委ねられている。いずれにしろ、早・前期の居住痕跡について言及するには、陸平貝塚の情報だけではかぎりがある。この問題に関しては次章以降でまたふれることにし、続いて陸平貝塚で出土した遺物についてみていこう。

2　漁撈の道具

骨角製の刺突具

貝層からは、前章でみたように大量の魚類の骨が検出されているが、これらの魚はどのような方法で捕獲されていたのであろうか。ここでは道具から陸平縄文人の漁撈を考えてみたい。

陸平貝塚における早・前期の漁撈具については、早・前期の貝層はごく一部が調査されただけなので、よくわかっていない。ただし、霞ヶ浦沿岸や利根川下流域の貝塚での出土例は存在する。茨城県利根町の花輪台《はなわだい》貝塚や千葉県香取《かとり》市の鴇崎《ときざき》貝塚の早期前葉の貝層からは、骨角製《こっかくせい》の釣針や刺突具《しとつぐ》が出土しており、この時期から漁撈に対して積極的な働きかけがみられる。

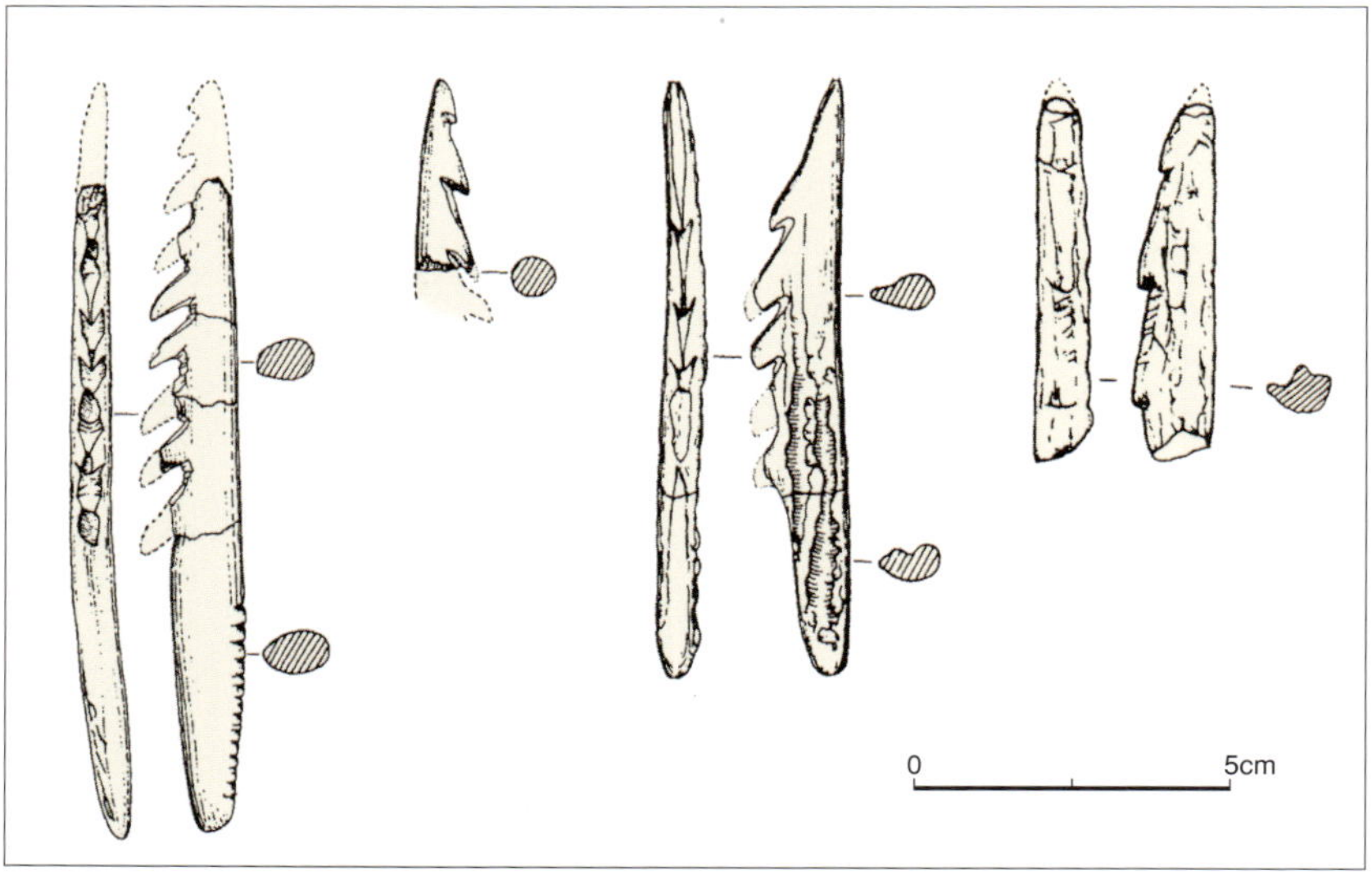

図 30 ● 周辺遺跡出土の縄文前期の銛頭
左 2 点：浮島貝塚、右 2 点：興津貝塚出土。

図 31 ● 陸平貝塚出土の刺突具
鹿の角や骨などでつくられている。右下のものはエイの尾を利用したもの。

一方、茨城県稲敷《いなしき》市の浮島貝ヶ窪《うきしまかいがくぼ》貝塚や美浦村の興津《おきつ》貝塚からは、片側に鋸の歯のような逆刺がついた長さ一〇センチほどの鹿角《ろっかく》製の銛頭《もりがしら》が出土している（図30）。これは前期に特徴的な漁撈具として位置づけられている。陸平の貝層からも多く検出されたクロダイやスズキなどのやや大型の魚を捕獲するのに適した道具といえる。

中～後期の漁撈具は陸平貝塚でも出土している。一八七九年（明治一二）に佐々木・飯島が発掘した資料のなかに、形態から後期初頭に位置づけられる鹿角製の釣針の破片が一点存在するが、骨角製漁撈具の多くは鹿の足の骨などを用いた逆刺のないヤス状の刺突具である。ヒラメなどの浅瀬の水底にいる大型魚を獲るのに有効であったであろう（図31）。

土器片錘

こうした刺突具よりも中期になって大量に出土するようになるものに土器片錘がある（図32）。土器片錘

図32 ● 陸平貝塚出土の土器片錘
土器の破片を再利用したもので、網の錘として使われたと考えられる。

とは、土器の破片を打ち欠いて長方形や楕円形に整形したもので、対面する側面に二カ所もしくは四カ所の切目が付けられている。この切目に紐を掛けることによって網の錘として使用したと想定される漁撈具である。土器片錘には周囲を磨ってきれいに形を整えたものもあるが、部分的に擦れているものが多い。それは網の使用にともなって摩滅した痕跡と考えられる。

この土器片錘は、中期前葉〜後期前葉における霞ヶ浦沿岸や東京湾沿岸地域に特徴的な漁撈具であり、茨城県の南三島《みなみみしま》遺跡では三〇〇〇個以上も出土している。この時期、内湾に回遊してくる小型の魚を対象にした、網漁が盛んにおこなわれていたことを物語る遺物といえる。

漁撈具の盛衰の意味するもの

さて、時期によって遺物として残される漁撈具には違いが認められるが、前章でみた貝層サンプルから得られた魚の種類や割合には、時期ごとの大きな変化は認められなかった。

たとえば、遺物からみると、中期になって小型魚を対象にしたと考えられる網漁のための土器片錘が大量に出土するが、土器片錘がほとんどみられない早・前期の一ミリおよび二・五ミリの篩からも、小型の魚が一定量検出されている。このことは土器片錘を用いないほかの漁法によって、小型魚を獲っていたことを物語る。一方、前期には逆刺の付いた銛が特徴的な漁撈具として知られるが、現地採集や五ミリの篩から検出されるような大型魚の割合が、前期にとくに多いという傾向も認められない。

また、後期初頭になって大量に出土するウナギは、筌などを使って捕獲されていたと想像されるので、その漁撈具が遺物として残されている可能性は低い。実際には、遺物として残らない漁撈具はほかにもあったであろう。

つまり、遺物として残る漁撈具の盛衰は、ある時期にその遺物を用いた漁法がおこなわれていたことを示しているにすぎないととらえたほうがよさそうである。おそらく、内湾に生息する豊富な魚を捕獲する術を、早期の段階から、縄文人たちは十分に知っていたのであり、同じ魚を獲るにしろ、時期によって選択する方法が違っていたと思われる。

ただし、漁にあたってどのような道具を使い、どのようなやり方を選択するかは、たんなる流行とは考えられない。そこには時期ごとに異なる、縄文人たちの生活様式や社会的背景が深くかかわっていたと思われる。

3　石器と食生活

堅果類を基盤とした食生活

縄文人にとって石器は、木材などの伐採・加工のための利器であり、食糧の獲得や調理のための道具でもあった（図33〜35）。

石鏃《せきぞく》は弓矢の先の鏃《やじり》として使われた狩猟の道具であり、石皿《いしざら》や磨石《すりいし》、敲石《たたきいし》は木の実などを粉砕・加工する道具である。陸平貝塚でもこれらの石器が出土しており、陸平縄文人が貝などの海産資源だけではなく、陸上の資源も食糧としていたことを物語っている。実際、貝層中から

図 33 ● 陸平貝塚出土の石鏃
黒曜石やチャートが
使われている。

図 34 ● 陸平貝塚出土の磨石
木の実などの粉砕・
加工具。安山岩製の
ものが多い。

図 35 ● 陸平貝塚出土の磨製石斧
木材の伐採・加工具。緑
泥片岩などの石でつくら
れている。

はシカやイノシシなどの獣骨が出土しており、堅果類を貯蔵したと思われる土坑もみつかっている。

中期前葉～後期中葉の土器がたくさん出土した一九九七年の調査区を例に、出土した石器群の割合をみると、石鏃四点、石皿や磨石が二二点、木材の伐採・加工具とされる磨製石斧《ませいせきふ》が八点で、石皿や磨石の割合が多い。

今村啓爾の研究によると、縄文時代中期における、中部高地から西南関東地域と、霞ヶ浦沿岸を含む茨城県域を比較した場合（図36）、両者とも石鏃の割合が少ないことは共通するものの、前者の地域ではジネンジョなど根茎類を掘り出すための道具と考えられる打製石斧が多量に出土するのに対し、後者の地域では磨石類が多く、加えて群集した貯蔵穴をもつ遺跡が多いことを指摘している。そして、前者では根茎類を基盤とした食生活が、後者では堅果類を基盤とした食生活がおこなわれたことを想定している。

陸平貝塚の石器のあり方も、こうした地域的特徴にあったものといえる。なお、陸平貝塚における狩猟の低調さの背景には、小島という限られた範囲の中では、シカやイノシシな

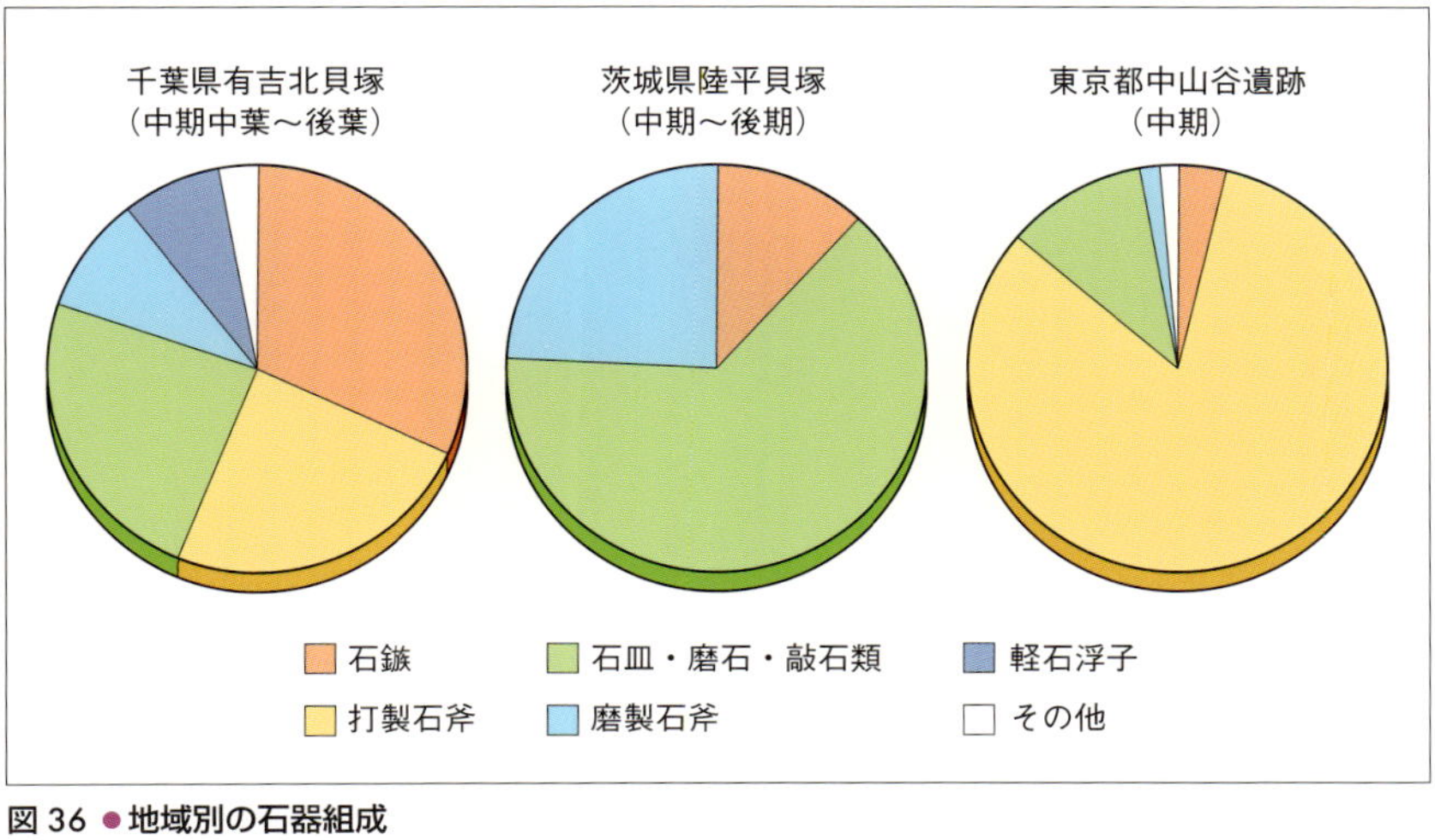

図36 ● 地域別の石器組成
霞ヶ浦沿岸では、石皿・磨石などの
堅果類加工具の割合が多い。

どの大型獣の生息は難しかったことも考慮しなくてはならないかもしれない。

海産資源に偏った食生活ではなかった

さらに、このような多岐にわたる食糧資源の活用は、人骨の炭素・窒素同位体分析からもうかがうことができる。炭素・窒素同位体分析とは、人骨の組織たんぱく質（コラーゲン）の炭素と窒素の安定同位体の比率から生前の食生活を復元する方法で、食糧となる動植物がもつ固有の同位体比が、それを摂取していた人類にも反映されることを利用した分析法である。

これらの分析により、たとえば北

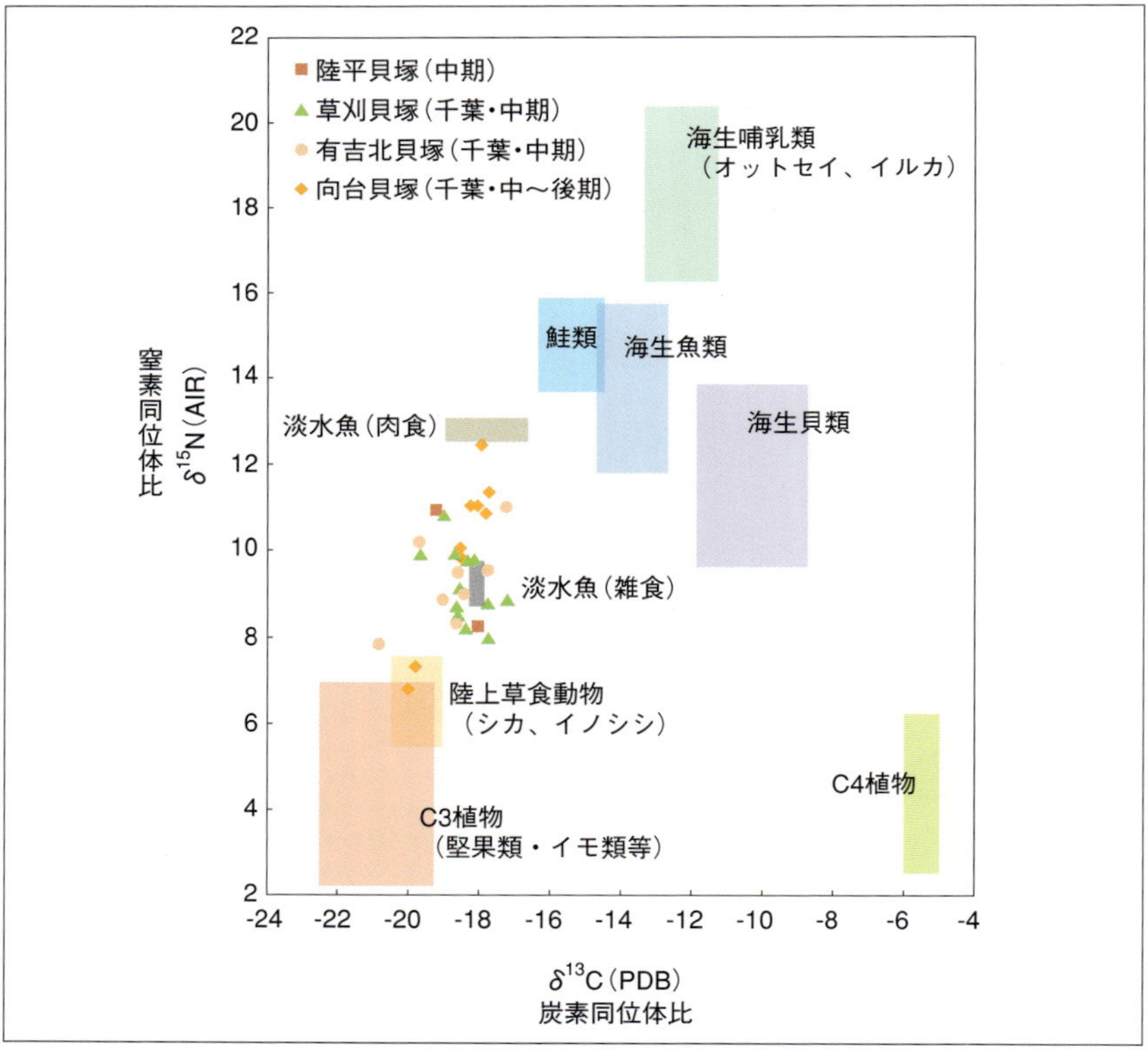

図 37 ● 炭素・窒素同位体分析
陸平貝塚の人骨は、海産食物と陸産食物の間の値を示す。

海道の縄文人はオットセイなどの海獣類に強く依存し、内陸部の中部高地の縄文人はドングリなどの植物食に依存していた傾向がわかってきている。

陸平貝塚では、一九四八年の発掘調査時に、縄文時代中期の古人骨がみつかっており、後年、赤澤威や米田穣の研究グループによって炭素・窒素同位体分析が実施された（図37）。分析の結果は、東京湾東岸に位置する千葉県の草刈《くさかり》貝塚や有吉北《ありよしきた》貝塚の中期縄文人骨と同様に、どの動植物にも偏らない値がえられた。このことは、陸平縄文人が、けっして貝や魚などの海産物に偏った食生活をしていたのではなく、堅果類・イモ類といった植物食（C3植物）や、それらを食糧とするシカやイノシシなどの陸上草食動物にも依存していたことを示している。石器のあり方や実際に出土している陸上動物の骨が少ないことを考えれば、ドングリなどの堅果類が基本となる食糧であったと思われる。

陸平の地は「山の幸」を基盤に、「海の幸」も利用できるという点で恵まれた環境にあったといえよう。

石器からみた地域間交流

ところで、陸平の石器の素材となった石はどこの地域のものだろうか。当地方は石が少ない地域として知られており、出土した石器の材料となる石材のほとんどは、近隣では手に入れられないものばかりである。

石鏃を例にとると、ガラス質の黒曜石製のものとチャートとよばれる石でつくられたものがみられるが、チャート製の石鏃は製作時に出た石片から、こぶし大以下の小さな円礫からつくられたことがわかる。

その程度の大きさのチャートの円礫ならば陸平付近の礫層にも含まれており、地元の石を利用した可能性がある数少ない石器といえる。

一方、黒曜石はよく知られているように、ガラス質の石材で、鋭利な小形の石器の材料として縄文時代には多く利用されているが、その産地は限られている。前述の陸平A貝塚出土の中期前葉の黒曜石製の石鏃と製作時に出た小石片六〇点ほどの産地を杉原重夫らが調べたところ、す

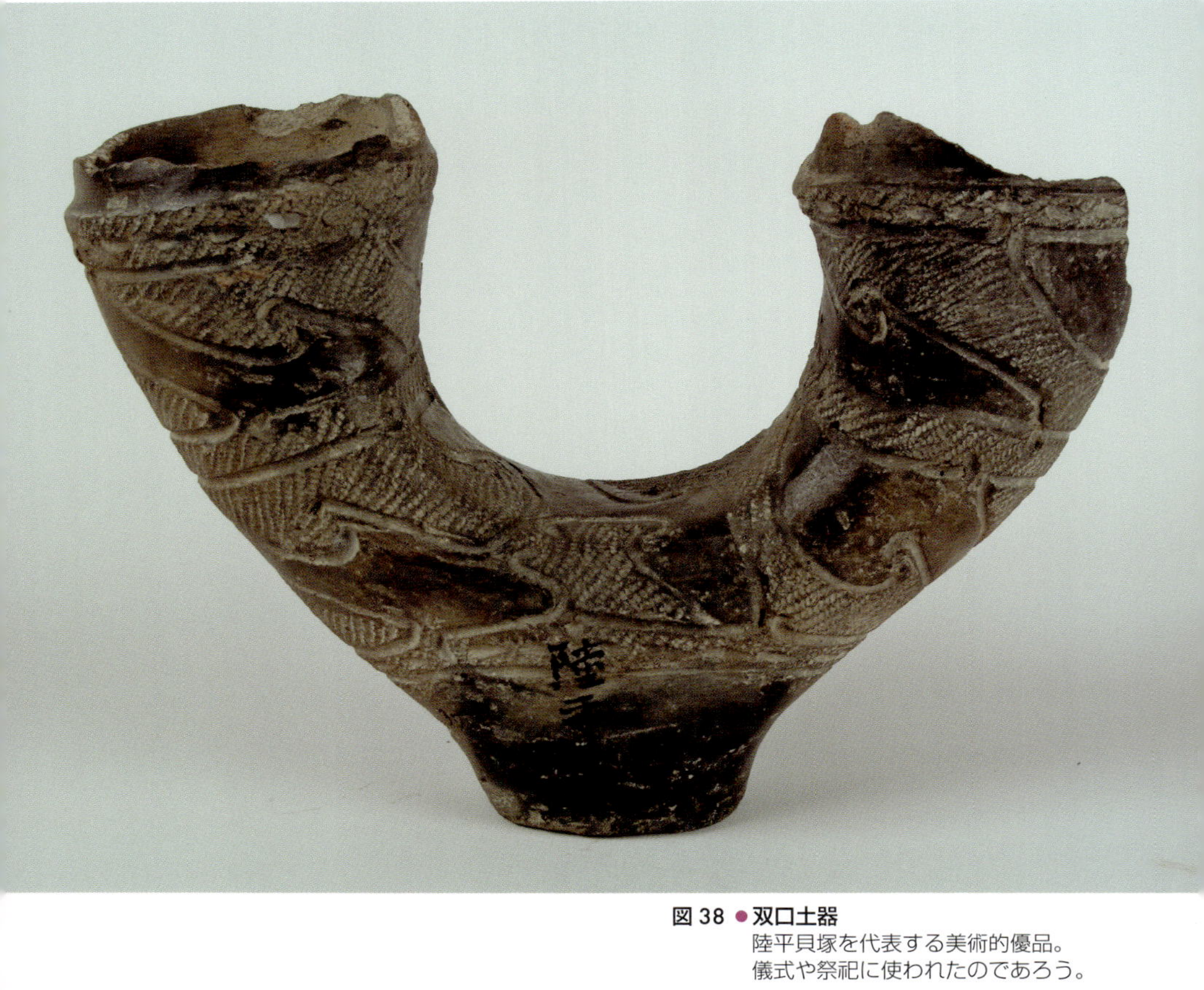

図38 ● 双口土器
陸平貝塚を代表する美術的優品。
儀式や祭祀に使われたのであろう。

べて伊豆七島の神津島《こうづじま》産であることが判明した。

石皿や磨石などの大形の石器には、細かい孔が多くあいたゴツゴツした多孔質安山岩が用いられている場合が多く、磨製石斧には緑泥片岩などが多い。いずれも地元にはない石であり、現在でも多孔質安山岩は、栃木県や群馬県域の那珂川《なかがわ》の上流や渡良瀬川《わたらせがわ》の中流までいかなければ、石器に適した大きさのものは得られない。

さらに磨製石斧（図35）については、製作したときに出る石片などや、磨くための砥石が少ないことから、完成品として陸平貝塚にもち込まれたらしい。なかには破損した磨製石斧の破片を、再度磨いて小形の石斧にしている例がみられ、入手が難しい石材を大切に使っていたことがわかる。

遠い地域からこれらの石器や石材がどのような経緯でもたらされたかは明らかではないが、石器が日常の生活必需品であることを考えると、恒常的なネットワークが存在していたものと思われる。

4　装飾品と祭祀遺物

陸平貝塚からは、石器以外にも、縄文土器や貝などでつくった装飾品が数多く出土している。とくに後期の遺物には、めずらしい形の土器や装飾品、それに土偶《どぐう》など祭祀に使われたと思われる遺物が目立つ。

なかでも双口土器《そうこうどき》とよばれる、口を二つもち、Uの字型をした土器は、美術的にも優品といえ、陸平貝塚を代表する土器である（図38）。

装飾品には、ベンケイガイやイタボガキなどを磨いてつくった貝輪をはじめ、ツノガイや、タマキガイ、イモガイなどを加工・穿孔した貝製品がある（図39）。

これらの装飾品に使われている貝は、貝層に大量に残された貝とは別の種類で、とくにツノガイやタマキガイは、陸平貝塚周辺から産する化石貝を使っている可能性がある。そのひとつの根拠として、縄文時代には絶滅していたトウキョウホタテが、陸平の貝層から出土していることがあげられる。縄文人は食用の貝とは別に、装飾品に適した貝をわざわざ採集していたようだ。

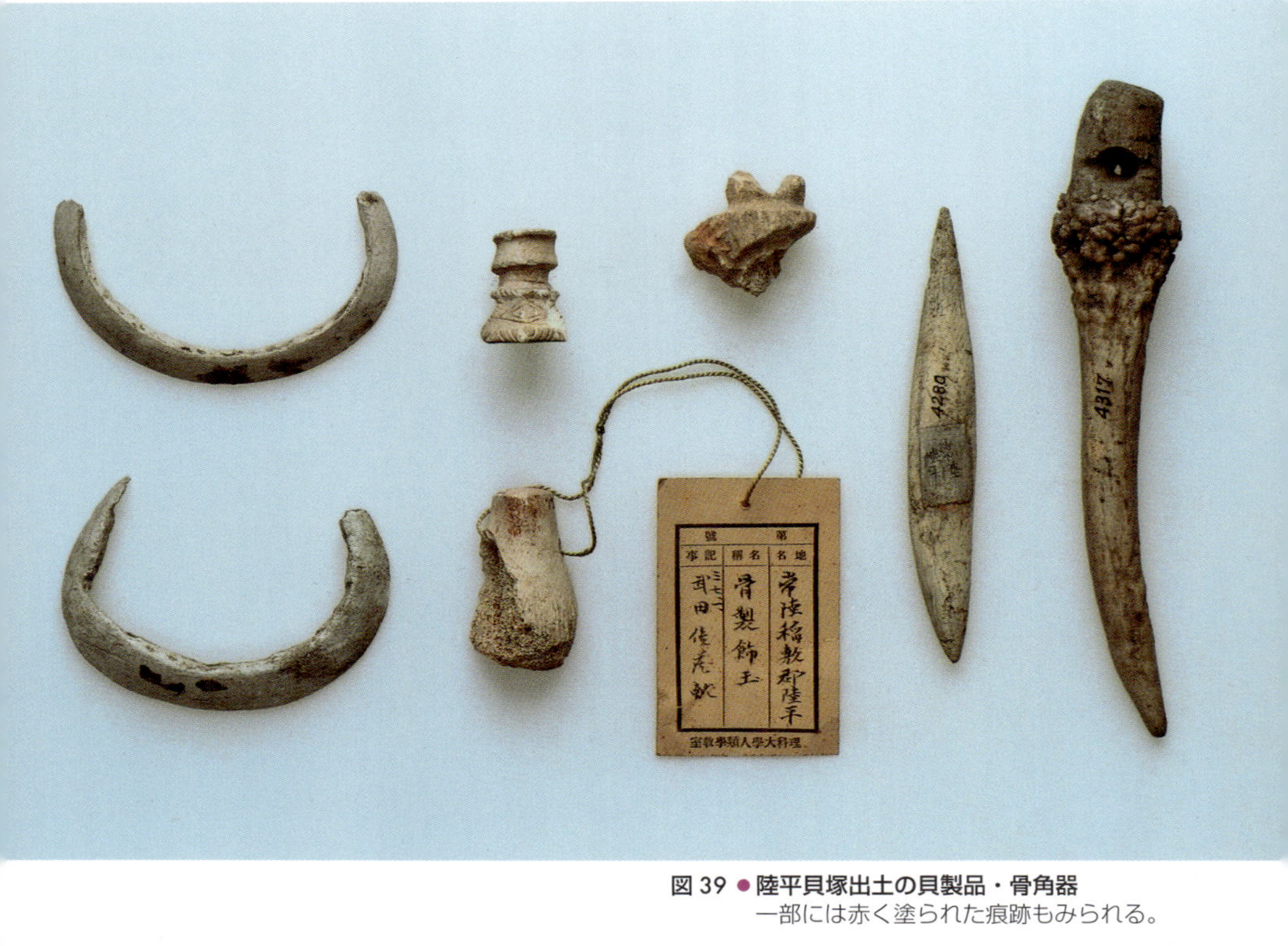

図39 ● **陸平貝塚出土の貝製品・骨角器**
一部には赤く塗られた痕跡もみられる。

一方、骨角器には、頭部に彫刻を施した鹿角製の髪針、鹿の角やウミガメの足の骨に穴を穿ったもの、弓の飾りに使われたと推定される細かい彫刻が施された弭《ゆはず》形角製品などが現在までに出土している（図39）。これらには装飾のためか赤く塗られていた痕跡が認められるものが多い。

祭祀遺物の代表は、妊婦をかたどった土偶である。陸平貝塚では後期中葉の山形土偶や、後期後葉のミミズク形土偶の破片が出土しており、後期に土偶を用いた祭祀が盛んにおこなわれていたことがうかがえる。

また、変わった土製品として図40の土製腕輪がある。これは貝輪を連ねたものを模したと考えられる土製品で、東関東の内陸部で後期にしばしばみられる。陸平貝塚では貝輪が出土しているので、たんなる代用品ではなく、内陸部との交流に関わる祭祀に使われたのかもしれない。

なお、現在行方はわからないが、過去に彫刻が施された石剣が出土した記録もある。

以上の遺物は、儀礼や祭祀など縄文人の人生にとって、欠かすことのできない社会的活動にかかわるものといえ、住居跡や墓、貯蔵穴など定住を示す遺構の存在とともに、陸平貝塚が縄文時代中・後期には、拠点として継続的に使われていた集落であったことを物語っている。

図40 ●陸平貝塚出土の土製腕輪
貝輪を重ねた状態を模している。

第4章　大型貝塚のなりたち

1　陸平遺跡群

安中台地内の遺跡

陸平貝塚がある安中台地内には、陸平貝塚以外にもたくさんの遺跡が存在する。陸平貝塚周辺の開発計画にともなって、一九八七年と一九八九年に詳細な分布調査が実施され、三五カ所におよぶ遺跡が確認された。そのうちの少なくとも一六カ所が縄文時代の遺跡であり、分布調査後、開発のために発掘調査が実施された遺跡もあり、その概要がある程度明らかになっている。

第2章でふれたように、この安中台地は、一時的にせよ霞ヶ浦に浮かぶ島であった。このような島もしくは島状の独立台地に営まれた遺跡群は、当然、陸平貝塚となんらかの関係のもと残されたと想像できる。陸平の集落内だけで縄文人たちの生活が完結していたとは考えられないからである。ここでは、安中台地の複数の遺跡を「陸平遺跡群」とよぶこととし、陸平貝塚との関係をみていくなかで、前章までの疑問のいくつかを考えるきっかけとしたい。

早・前期の陸平遺跡群

陸平遺跡群内の縄文時代早・前期の遺跡は、一四カ所が確認されている（図41）。その多くは土器の破片が少量出土する一時的な活動跡と思われるものだが、いまのところ、下《しも》の下《した》遺跡と多古山《たごやま》Ⅱ遺跡で早期の住居跡が、天神《てんじん》平《だいら》Ⅰ遺跡、陣屋敷《じんやしき》遺跡、木《き》の根田《ねだ》遺跡と内出《うちで》遺跡で前期の住居跡が確認されている。陸平貝塚では、早・前期の貝層は存在するものの、住居跡が確認されていないのとくらべると興味深い。

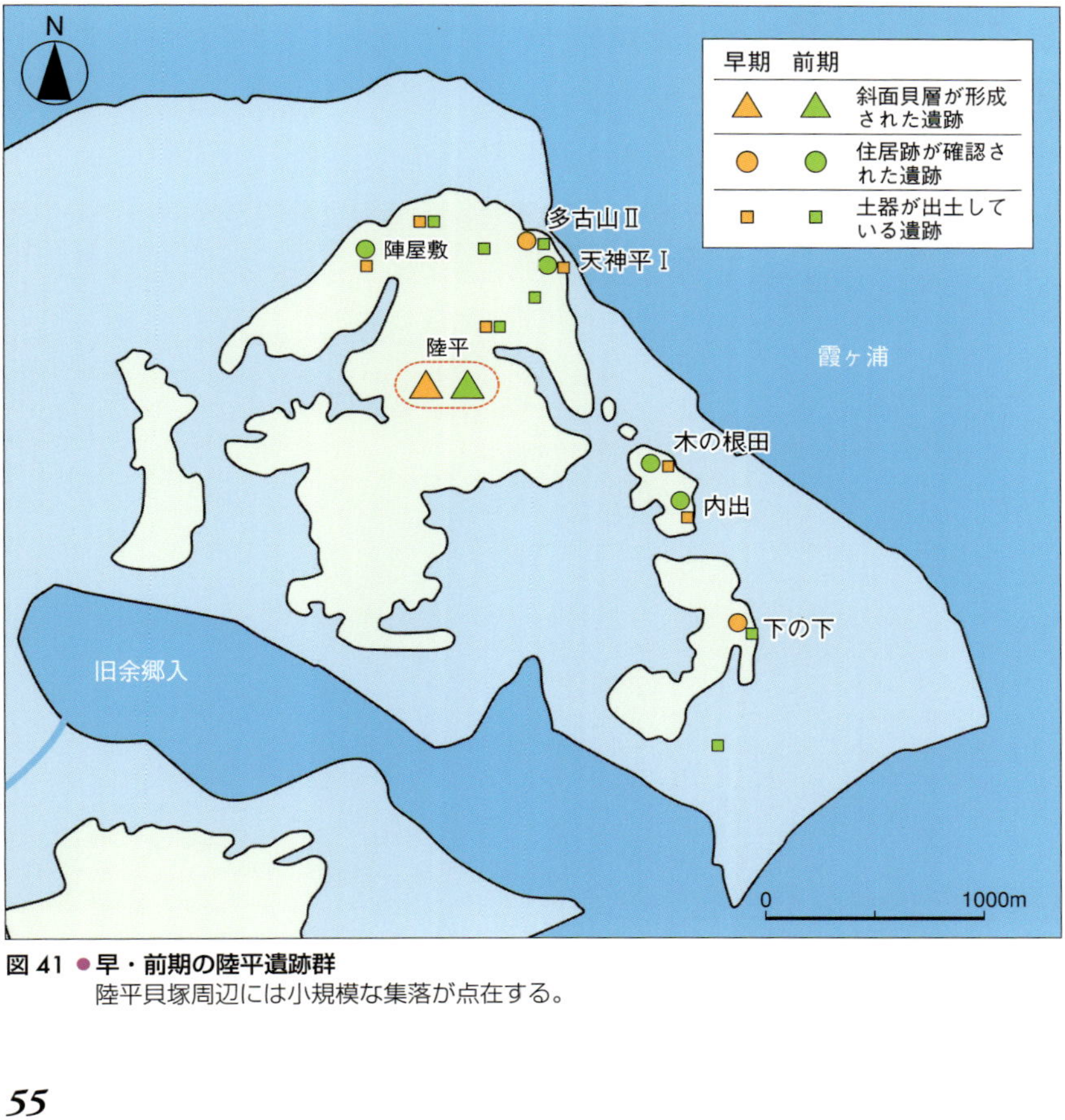

図41 ● 早・前期の陸平遺跡群
陸平貝塚周辺には小規模な集落が点在する。

下の下遺跡では、早期後葉（子母口《しぼぐち》式期）の竪穴住居跡が三軒みつかっているが、うち二軒は重なった状態で検出されている（図42）。この時期の住居跡には直に火を焚いた炉の痕跡がなく、代わって住居跡の周辺には多くの炉穴が残されていた。また、住居跡には柱穴が同じところに繰り返し穿たれており、住居の建て替えがおこなわれていたことをうかがわせる。

多古山Ⅱ遺跡の早期後葉（条痕文期）の住居跡は、試掘によって一部が確認されただけだが、やはり周囲から炉穴がみつかっている。

天神平Ⅰ遺跡でも、試掘によって確認された前期後葉（浮島Ⅰ式の新しい段階）の竪穴住居跡は二軒重なっており、その内の一軒にはハマグリを主体とする地点貝塚が残されていた。

残りの木の根田遺跡（前期前葉・関山《せきやま》Ⅱ式期）、陣屋敷遺跡（前期後葉・浮島Ⅰ式の古い段階、図43）、内出遺跡（前期後葉・浮島Ⅲ式期?）では、遺跡全

図 42 ● 下の下遺跡の早期住居跡
炉はなく、代わりに中央に掘り込みがある。柱穴の配置も不規則であり、簡易な上屋であったかもしれない。

域を発掘したにもかかわらず、それぞれ前期の竪穴住居跡は一軒しか検出されていない。

いずれの遺跡も確認された住居跡は一～三軒ほどであり、土器型式編年による細かい時期でみると、遺跡ごとに時期が異なる。また、複数検出されている遺跡では、それらの住居跡は同じ土器型式の時期に残されているが、重なってつくられている場合が多く、一時期の軒数はさらに少ないことになる。試掘のみで確認された遺跡もあることから、確実にはいえないが、陸平遺跡群の早・前期の居住跡は、一時期住居跡が数軒以内の小規模なものであったといえよう。

こうして周辺の遺跡群に視野を広げることによって、縄文時代早・前期に陸平貝塚に貝塚を残した縄文人たちの目処は立たった。

このような陸平遺跡群のあり方は、陸平貝塚に早・前期の集落跡があったとしても、それほど規模が大きいものではなかったことを想像させる。一方、

図43 ●陣屋敷遺跡の前期住居跡
炉や床の硬化がみられるが、
やはり柱穴は不規則である。

住居跡の重複や住居の建て替えの痕跡は、間隔をおきながらも同じ地点に繰り返し住んでいたことを暗示する。

関東地方の早期の遺跡における遺構のあり方や石器組成を分析した阿部芳郎は、二〜三軒という住居軒数に象徴される小規模な集団が、一定範囲を回帰的に移動しながら、植物質食糧の利用や狩猟といった特定の生業に基盤をおきながら暮らしていた姿を描いている。

陸平遺跡群の早・前期の様相は、そのあり方に似ているが、石器の出土量が少ないため、石器組成からどの生業部門に依存していたか明確にすることができない。ただ、陸平貝塚における斜面貝層の形成は、その移動のなかで、陸平の地が漁撈活動の拠点として機能していたことを示している。

ただし、陸平に斜面貝塚を残した早・前期の縄文人の移動範囲は、安中台地に限られたものではなかったであろう。余郷入の対岸にあたる稲敷市中佐倉《なかざくら》貝塚では、地点貝塚をともなう前期後葉の集落跡がみつかっている。計一二軒の住居跡が検出されているが、狭い範囲に重なりながら密集しており、やはり一時期には二〜三軒ほどの住居であったと思われる。

住居跡内に残された中佐倉貝塚の地点貝塚のサンプルからは、貝類以外には魚の骨が一点みつかっているだけで、獣魚骨がほとんど検出されていない。その規模の違いも含め、陸平における前期の斜面貝塚とくらべると、中佐倉貝塚での海産資源の利用が、単発的なものであったことを思せる。いいかえれば、移動を繰り返すなかで、陸平を拠点におこなわれた漁撈活動は計画的なものであったといえよう。

中〜後期の陸平遺跡群

一方、縄文時代中・後期の遺跡は一〇カ所確認されているが（図44）、陸平貝塚以外に住居をともなう遺跡がほとんどみられなくなる。

唯一確認されているのは、陸平貝塚の東隣に位置する押井戸《おしいど》遺跡で、中期前葉（阿玉台Ⅰb式期）の炉がない竪穴住居跡が一軒確認されているだけである。早・前期とは対照的に居住跡は陸平貝塚に集中する。他の遺跡は土器の破片が少量出土するものがほとんどで、下の下遺跡で土坑とまとまった量の土器が出土しているにすぎない。

低地の土器集積

そのようなかで注目されるのが、陸平貝塚の北東約五〇〇メートルの谷

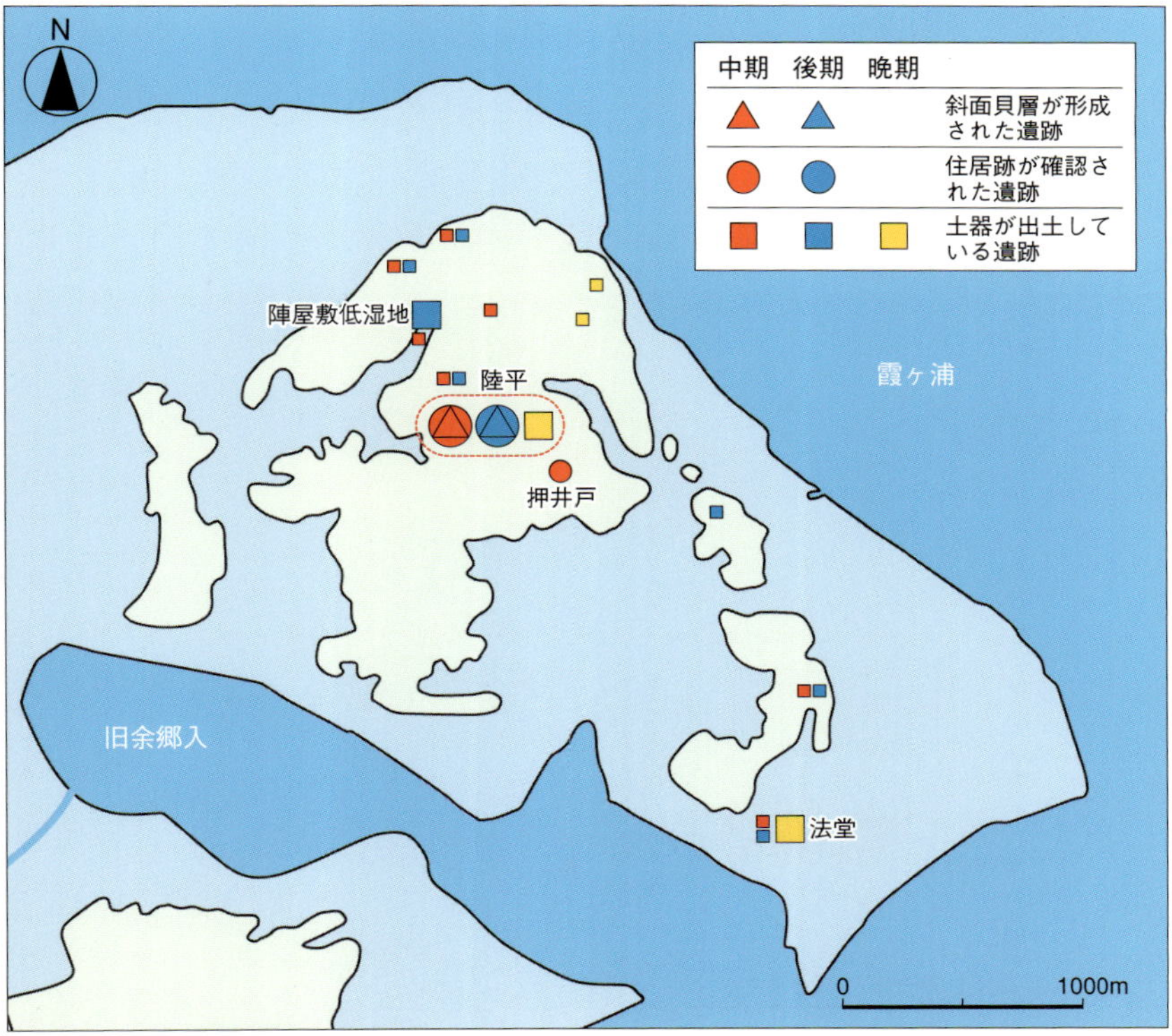

図44 ● 中〜晩期の陸平遺跡群
陸平貝塚以外に、住居跡はほとんどみられなくなる。

底からみつかった陣屋敷低湿地遺跡の存在である。安中台地内に形成された谷津の谷底から、数万点におよぶ土器破片が径二〇メートル程の範囲に集積して発見された（図45）。土器は縄文時代後期前半の堀之内2式～加曽利B1式期の短期間につくられた土器で、そのほとんどが粗製土器とよばれる文様が簡素で大型の土器であった（図46）。土器が集積している直下からは数カ所の焚き火跡もみつかっており、そこで集中的に土器による煮炊き作業がおこなわれたことを想像させる。

大量の土器破片のほかには、小さな磨製石斧一点が出土しているのみで、住居などの居住跡もなく、陸平貝塚の同時期の遺構や道具類のあり方とくらべると偏りが著しい。

陣屋敷低湿地遺跡のある谷底は、珪藻分析などにより、縄文海進の最大時には海水が進入していた場所で、その後、海が退き流水などが流れる環境のもと、遺跡は残されたと考えられている。谷底に粗製土器が残された遺跡としては、埼玉県川口市の赤山《あかやま》遺跡などが知られている。

図45 ● 陣屋敷低湿地遺跡
谷津の谷底から大量の土器が出土した。

赤山遺跡では、土器のほかに加工材で枠をつくった遺構やトチの実の皮が検出されており、低地の流水や土器による煮沸を利用した堅果類のアク抜き作業がおこなわれた場所と考えられている。

陣屋敷低湿地遺跡の調査範囲からは、加工された木材や堅果類は出土していないが、同様な作業がおこなわれたことも否定はできない。いずれにせよ、特定の作業を集中的におこなった場所と考えられ、当然、その作業には陸平貝塚に住んでいた縄文人たちがかかわっていたであろう。阿部芳郎は、さらに近隣の集落との共同の作業場であった可能性をも指摘している。

なお、縄文時代晩期については、陸平貝塚ではいまのところ貝層や遺構は確認されていない。しかし、台地上の西部には、後期後葉～晩期前葉の土器を含む土層の広がりが確認されている。居住場所であったかどうかは不明だが、陸平遺跡群内ではつぎに述べる法堂《ほうどう》遺跡以外、晩期の遺物はほとんどみつかっておらず、遺跡群内では主要な活動場所であったと思われる。

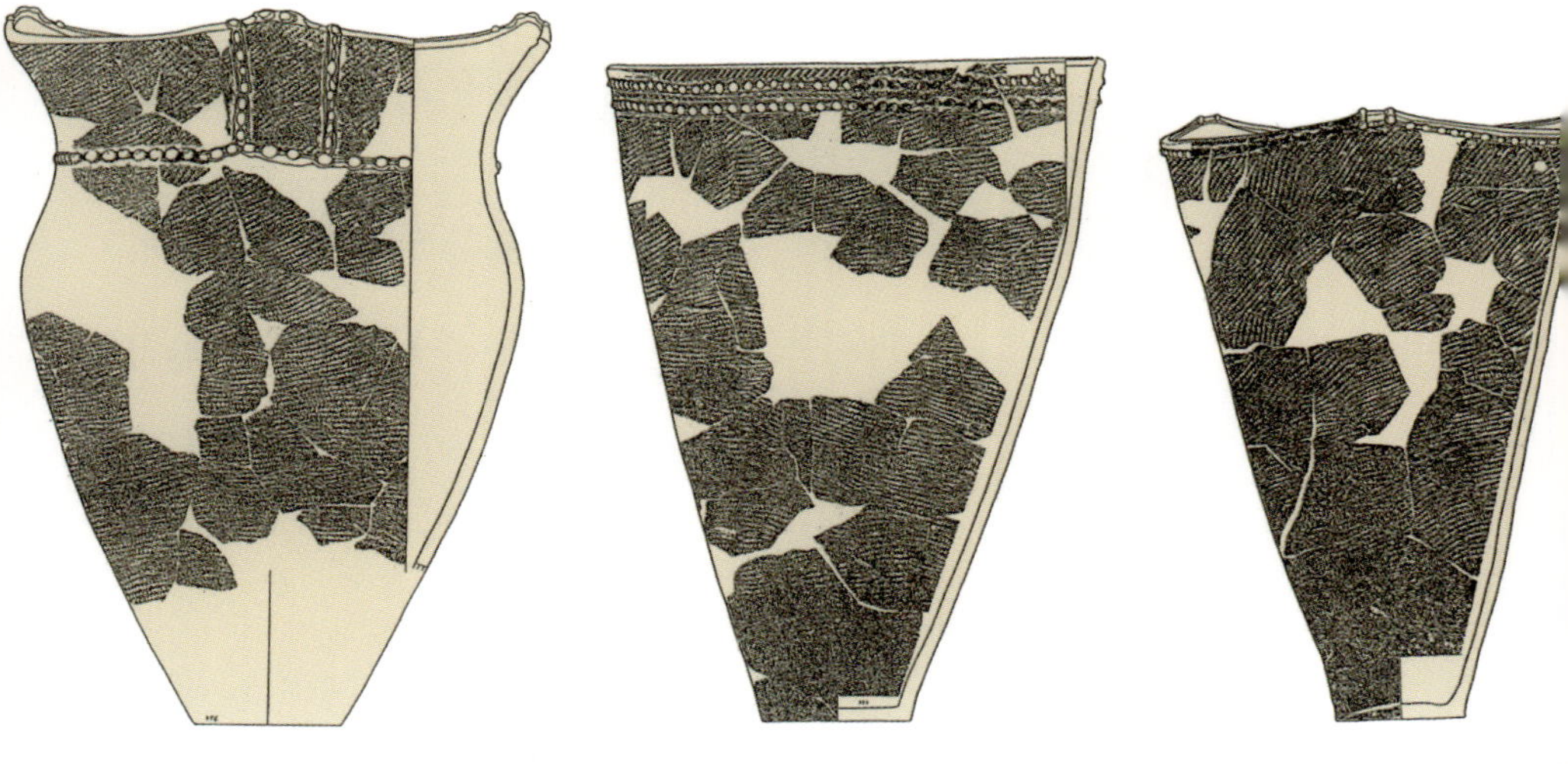

図46 ● 陣屋敷低湿地遺跡出土の土器
粗製土器といわれるもので、大型のものが多い。

製塩遺跡

霞ヶ浦沿岸は縄文時代の後期末葉〜晩期にかけて、土器による塩づくりがおこなわれた地域として知られており、法堂遺跡はその代表的な遺跡である（図47）。現在干拓地になっている霞ヶ浦の入江「余郷入」に面した、砂質の低段丘上にあり（図44参照）、一九六五年に明治大学考古学研究室によって発掘調査が実施された。

出土した土器の破片は五万点を超え、そのほとんどが薄く文様のない粗いつくりの土器で（図48）、海水を煮詰め塩をとっていたことを物語る、表面の剝落や炭酸カルシウムの付着が認められた。また、これら製塩土器と焼土や灰が互層をなして集積した地点からは、粘土が貼られた土坑も検出されており、製塩に関係する遺構と考えられている。

この法堂遺跡で塩づくりという特定の作業が集中的におこなわれていたのは明らかであり、陸平貝塚に活動の痕跡を残した晩期縄文人たちが深くかかわっていたことは想像に難くない。ただし、法堂遺跡には陣屋敷低湿地遺跡とは違って、数は少ないものの、刺突具や石鏃、石皿、磨製石斧、土偶、耳飾などの道具類が出土しており、継続的ではないにしろそこで日常の生活もおこなわれていたことを示している。それを物語るように、遺跡に形成された小さな地点貝塚からは、貝とともに魚骨や鳥獣骨の食料残滓が確認されている。塩づくり作業にともない残されたものであろうか。

こうして長い期間にわたって貝塚が残された陸平貝塚を、周辺の遺跡との関係でみていくと、時期によって貝塚を残した縄文人たちの行動パターンの違いがみえてくる。では、さらに視野

図 47 ●**法堂遺跡の遠景**
調査当時（1965 年）の法堂遺跡。畑になっているところが微高地になっている。

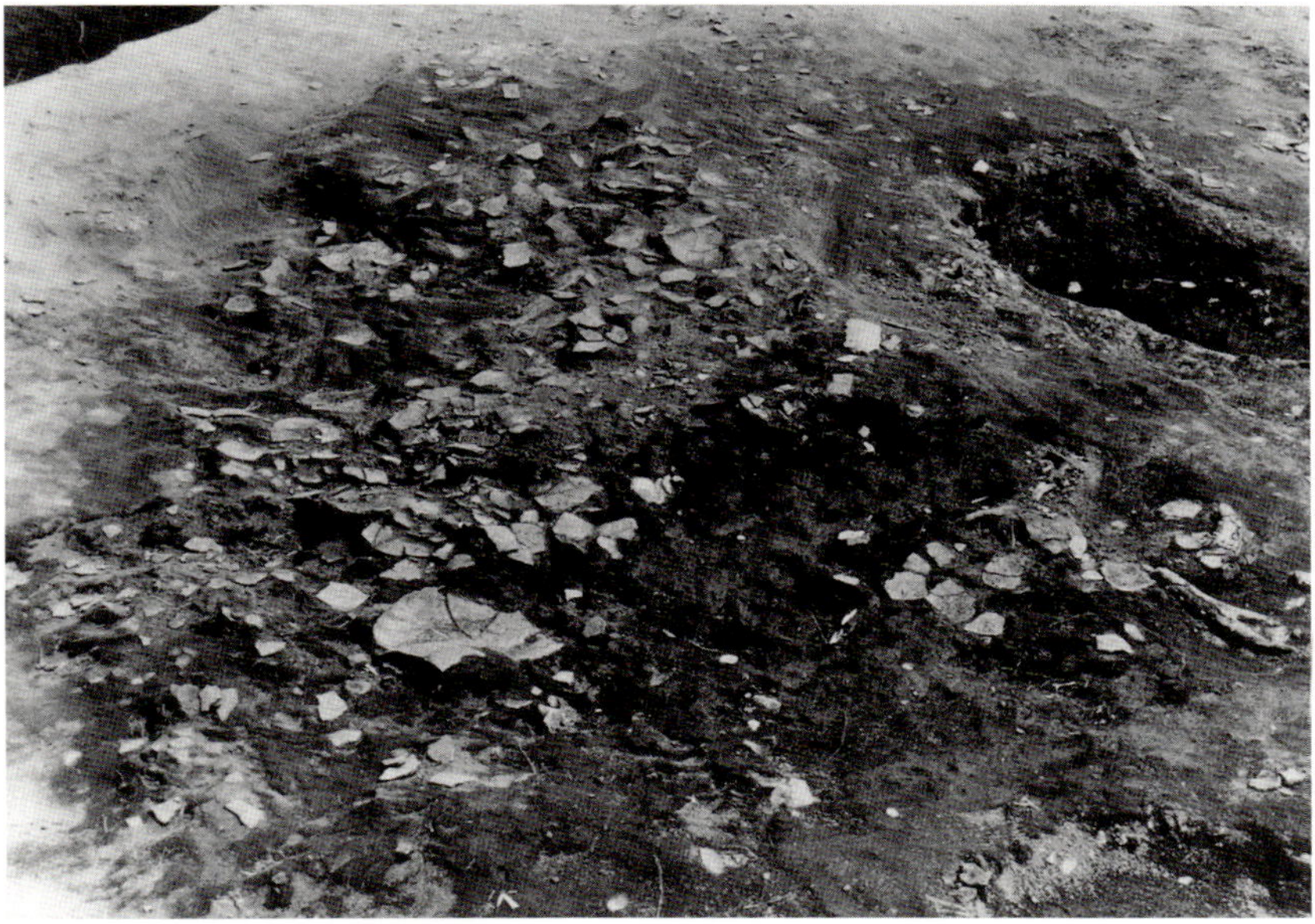

図 48 ●**法堂遺跡の製塩土器出土状況**
砂質土の中から大量の製塩土器が出土した。

を広げ、近隣の斜面貝塚と比較するなかで、陸平貝塚が残された背景とその特異性を浮き彫りにしてみよう。

2 対岸の貝塚群

高橋川流域の斜面貝塚群

陸平貝塚が位置する美浦村には、安中台地以外にも斜面貝塚が多くみられる地域がある。それは安中台地の南西側、旧余郷入に注ぐ高橋川によって形成されたやや広い谷筋に面した地域で、谷奥から順に興津貝塚、虚空蔵《こくうぞう》貝塚、大谷《おおや》貝塚、平木《ひらき》貝塚の四遺跡が存在する（図49）。いずれも一〜二地点の斜面貝塚を有する遺跡で、霞ヶ浦沿岸では一般的な規模の貝塚である。

高橋川流域の谷津ではボーリング調査がおこなわれていないので、縄文時代にどこまで海が入っていたか正確にはわからないが、安中台地で得られた標高六メートルのラインを援用すると、一番奥の興津貝塚近辺まで、最大海進時には海が来ていたことが想定される。

このなかの平木貝塚を除く三遺跡で発掘調査がおこなわれており、貝層の時期などが明らかになっている。

興津貝塚は一番谷奥に位置し、一九五七年と一九六六年の二度にわたり、西村正衛によって南北二カ所ある斜面貝塚の学術調査が実施された。調査の結果、ハマグリを主体とする北貝塚から前期後葉の浮島式と、それに後続する時期の土器がまとまって出土し「興津式」と命名さ

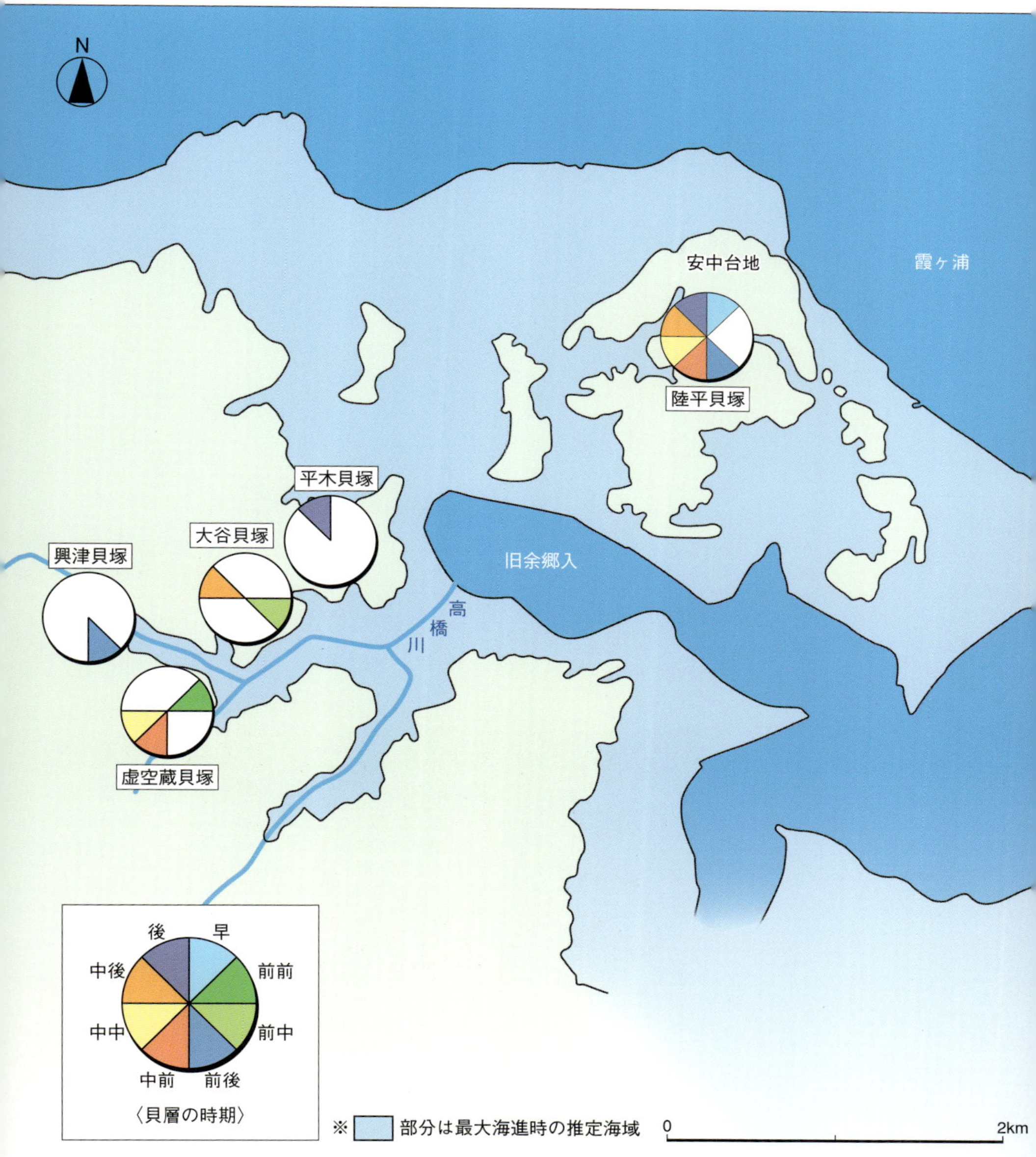

図 49 ● **高橋川流域の斜面貝塚**
４つの遺跡の貝塚は、それぞれ時期が異なる。

れている（図50）。

虚空蔵貝塚は、高橋川とその支流の分岐点にあたる台地上に立地する。一九七二年に学校建設にともない、遺跡のほぼ全域を対象にした発掘調査が国士舘大学によって実施された。遺跡にはA貝塚、B貝塚とした二カ所の斜面貝塚と、C貝塚とした地点貝塚が残されており、A貝塚からはハマグリとハイガイを中心とした前期前葉（関山Ⅰ式期）の貝層と、中期初頭の五領ヶ台式期を上限に、中期後葉の加曽利E式期の古い段階を下限とするアサリとハマグリを主体とする貝層が検出されている。またB貝塚では中期前葉の阿玉台式土器の出土がみられた。

虚空蔵貝塚の対岸の台地上に位置する大谷貝塚は、最近茨城県教育財団によって、一カ所の斜面貝塚と隣接する台地上の発掘調査がおこなわれている（図51）。谷頭部にあたる傾斜地に残された貝塚は径二〇メートル強の規模で、下位には前期中葉にあたる植《うえ》房《ぼう》式期の、上位には中期後葉の加曽利E式期でも新しい段階の貝層が、貝が少ない土層をはさんで累積していることが明らかになった。

図 50 ● 興津式土器
貝殻を使ってつけられた文様が特徴的。
（レプリカ、原品：早稲田大学所蔵）

もっとも谷口側に位置する平木貝塚は、発掘はおこなわれておらず詳細は不明だが、表面採集や過去の踏査記録から後期の可能性が高い。

興味深いのは、各遺跡で貝層が形成される時期にずれが認められ、高橋川流域の貝塚群全体で、前期から後期までの時期がそろうことである。また、一遺跡で時期の異なる貝層が複合している場合でも、連続する時期ではなく、貝層が形成されない時期が介在する。

この様相は、縄文時代前期に最大海進を迎える海域の変遷、つまり貝の採取場所である海の進出と後退にともなって、

虚空蔵貝塚（谷口）→大谷貝塚→
興津貝塚（谷奥）→虚空蔵貝塚→
大谷貝塚→平木貝塚（谷口）

と変遷したものと解釈できる。

この高橋川流域の貝塚群のあり方を参照するならば、ひとつの仮説がたつ。ある領域内で通常時

図51 ●**大谷貝塚の貝層**
斜面に大量の貝が堆積している様子がよくわかる。

期ごとに場所を変えながら形成される斜面貝塚群が一カ所に残された結果が、陸平貝塚ではないのであろうか。

この仮説を考えるにあたり、陸平貝塚でみてきた居住跡のあり方について、高橋川流域をはじめとする霞ヶ浦沿岸の貝塚でも検証してみよう。

3 漁撈活動のセンター

霞ヶ浦沿岸の貝塚の居住痕跡

霞ヶ浦沿岸から利根川下流域では縄文時代の斜面貝塚が古くから知られ、発掘調査もたびたびおこなわれてきた。しかし、調査は貝層部分を対象にしたものがほとんどで、貝層に隣接する台地上を調査した事例は、じつは極端に少ない。これは土器の型式編年のための貝層を対象とした学術調査が主流であったことと、東京湾岸などの貝塚にくらべ開発の波がおよばず、広い範囲にわたって調査される機会が少なかったことに起因する。

数少ない台地上の調査事例としては、茨城県石岡市の地蔵窪《じぞうくぼ》貝塚、土浦市の上高津《かみたかつ》貝塚、そして先述した高橋川流域の虚空蔵貝塚と大谷貝塚がある。

地蔵窪貝塚は早期後葉の条痕文期を主体とする斜面貝塚が形成された遺跡で、一九九三年度に、長さ約一〇メートル、幅約三メートルの広がりをもつ、マガキを主体とした斜面貝層の全域と、隣接する台地上（地蔵平遺跡）の一部の発掘調査がおこなわれた（図52）。台地上の調査区からは、貝層の形成時期の遺構としては炉穴一三基が確認されたのみで、住居跡は確認されていない。

一方、虚空蔵貝塚では、台地上平坦部は広域に調査がおこなわれたのにもかかわらず、縄文時代の遺構は土坑五基だけであった。また、大谷貝塚については、正式な報告はまだおこなわれておらず詳細は不明であるが、現地説明会などの資料によると、広域に発掘された台地上平坦部からは、前期の遺構はやはりみつかっておらず、中期については、貝層と同時期の住居跡数件と数百基におよぶ貯蔵穴が確認されている。

上高津貝塚は、霞ヶ浦のもっとも奥にあたる桜川《さくらがわ》の河口近くに位置し、汽水域に生息するヤマトシジミを主体とする後期中葉～晩期前葉の斜面貝塚が弧状に並ぶ大型貝塚である。史跡整備にともない一九九〇～九一年に発掘調査が実施され、貝塚に囲まれた台地の縁辺部にあたる

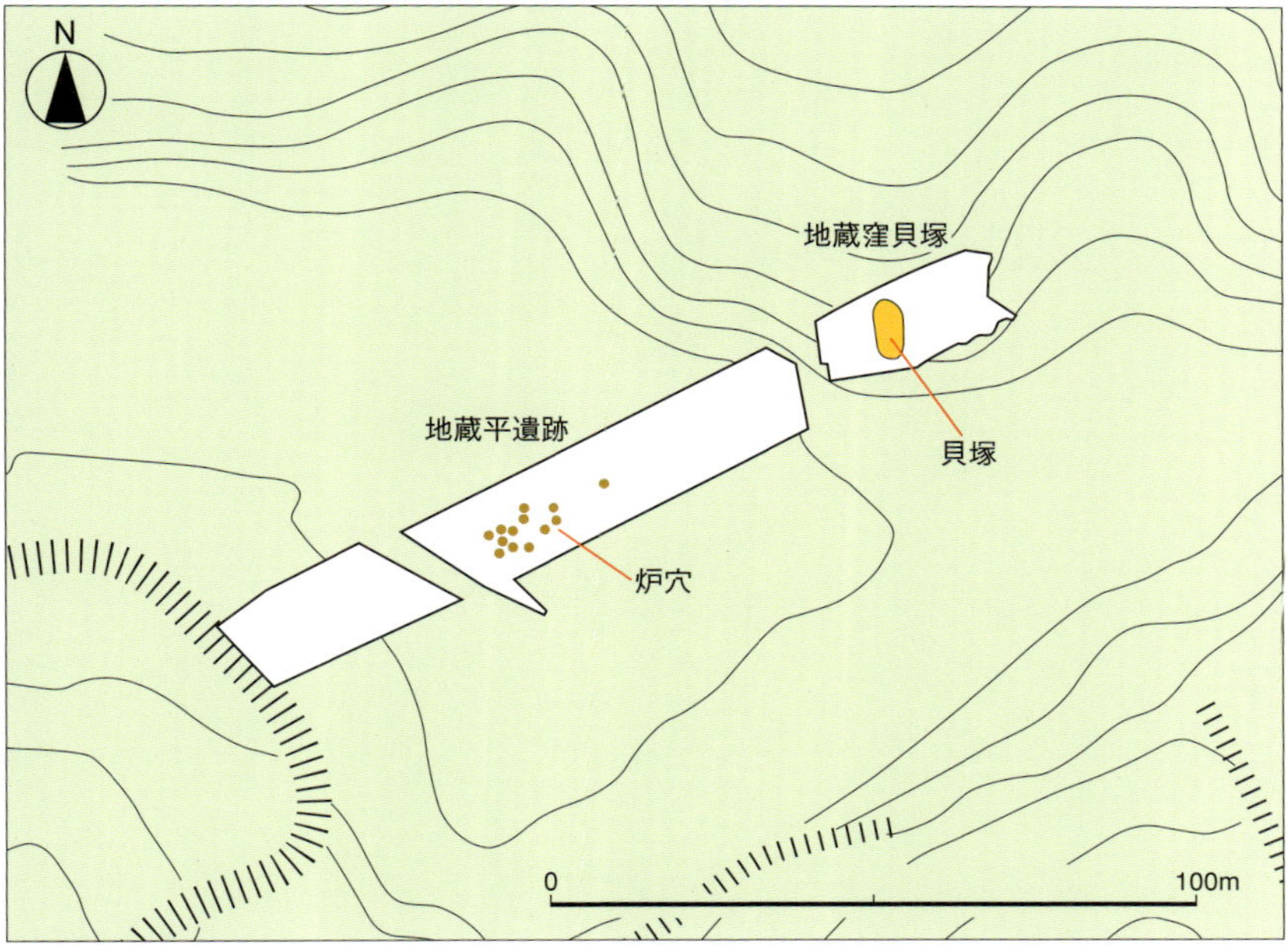

図 52 ● **地蔵窪貝塚**
早期の斜面貝塚に隣接する台地上からは、
炉穴のみが検出された。

C、E地点とよばれる二カ所の発掘区から、中期後葉〜晩期前葉の住居跡もしくは建物跡九軒と墓坑四基などが確認され、拠点的な集落跡の存在が明らかになっている。

以上の調査事例は、虚空蔵貝塚を除き、斜面貝塚に隣接する台地上を全面調査したものではない。また、虚空蔵、大谷両貝塚とも弥生時代以降も集落として使われており、その際の地形の改変や土砂の流失によって、当時の遺構が残っていないことも考慮しなくてはならない。

しかし、霞ヶ浦沿岸の縄文時代早・前期の斜面貝塚には居住の痕跡が非常に乏しく、中期以降集落がともなうようになるという傾向は認められ、陸平貝塚で想定された事例に一致する。陸平貝塚で想定された居住のあり方も、時期別にみれば霞ヶ浦沿岸地域の傾向にそったものといえる。

では、ほかの霞ヶ浦沿岸の貝塚とくらべ陸平の地が、長い期間、漁撈の基地として利用された要因は何であったのであろうか。ひとつには、高橋川のような細長い谷筋より、海に囲まれた島もしくは、低地に囲まれた独立台地という地理的条件のほうが、貝の採取に適した水域環境が維持されやすかったことが想定される。陸平の地は内湾の海産資源を利用するには、最適な場所であったのかもしれない。

定住的な居住と集団間の協働

一方、中期中葉に大型貝塚が突如出現する東京湾東岸地域では、ときに一〇〇軒以上におよぶ住居跡がともなう遺跡がみられる。たとえば千葉市の有吉北貝塚では、中期中葉〜後葉における貝塚の形成にともなって一四六軒の住居跡が残されていた。さらに同地域では、有吉北貝塚の周辺に、大型貝塚の有吉南貝塚をはじめ、多くの同じ時期の集落遺跡が密集して形成されており、西野雅人は、一定地域における集中居住と年間を通じた日常的な貝採取活動が、大型貝塚の形成に関係したことを指摘している。

これに対し、住居跡が確認できなかった虚空蔵貝塚をはじめ、数軒の住居跡しか検出されていない大谷貝塚の事例や、陸平貝塚以外に集落がほとんど認められない安中台地の中期のあり方は、同じ中期の貝塚でも、霞ヶ浦沿岸の場合、東京湾東岸のような解釈をそのまま当てはめることを躊躇させる。

当地域における住居跡軒数の少なさは、中期以降の貝塚形成も、早・前期以来の小規模な集団による伝統的な漁撈活動が基本であったことを暗示している。そして、各時期の貝層が累積した陸平貝塚も、基本単位となる集団はさほど大きくなかったと思われる。

ただし、霞ヶ浦沿岸や利根川下流域でも、中期になると斜面貝塚をともなう遺跡が増え、大型貝塚が多くなる。その背景として、中期以降、増大する貯蔵穴が示す堅果類の貯蔵による安定した食糧利用が、早・前期にくらべて一カ所への定住を促し、より安定した漁撈活動が営めるようになったことを、まずは見通しておきたい。

つまり、早・前期にくらべて漁撈へのとり組み方が劇的に変わったというよりも、より定住的な生活によって、海産資源を利用する機会が増加したとする考えである。陸平貝塚において、一定量の貝層サンプルから得られる魚骨の量が、時期によってさほど変わらないことが、この

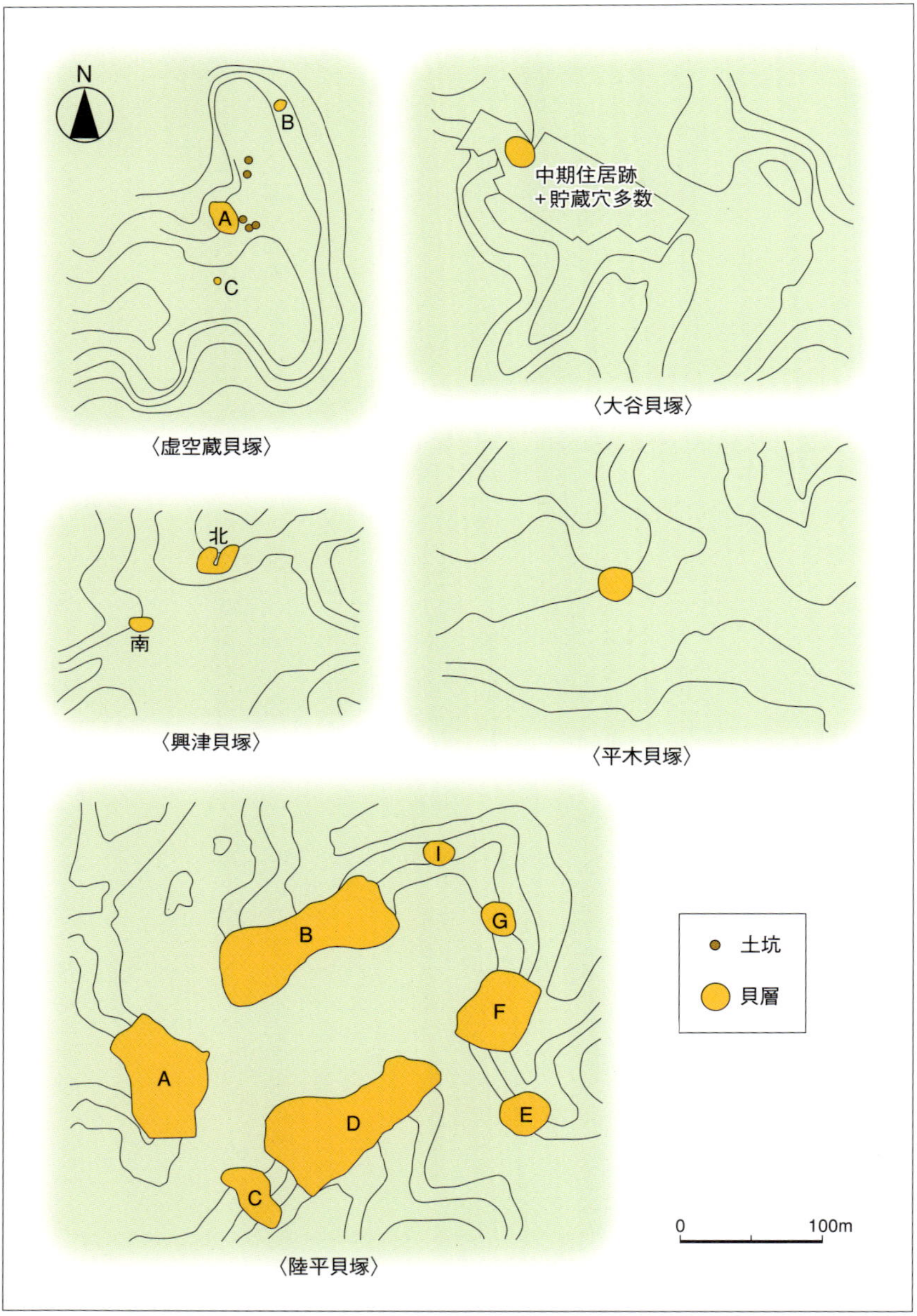

図 53 ●高橋川流域の貝塚と陸平貝塚
縮尺は同一。陸平貝塚の大きさと特異性がよくわかる。

考えを暗示している。

さらに、陸平貝塚でみられた同一時期の貝層が複数地点に残される状況は、複数の集団が陸平の地を共同で利用していたことを想像させる。人びとが集まり協働・分業のもと、堅果類の貯蔵管理をおこなうことで、ほかの生業へ携わる機会がさらに増加したことであろう。

このように考えると、中期以降、増大する土器片錘を用いた網漁は、定住化を前提とした漁法と装備であったのかもしれない。また、後期以降、陸平遺跡群内における陣屋敷低湿地遺跡や法堂遺跡のような、特定な生業活動が集中的におこなわれた遺跡の出現は、周辺集落をもとり込んだ、より多様化した協働関係が生じたことを想像させる。

しかし、以上のような中期以降の社会的状況があったとしても、陸平貝塚の大きさは特異である。高橋川流域の斜面貝塚群を全部寄せ集めても、おそらく陸平貝塚全体の貝の量には遠くおよばない（図53）。

陸平貝塚は、長期にわたって安定して海産資源を供給してくれる霞ヶ浦の恵まれた環境を背景として、伝統的に内湾漁撈を生業に加えていた縄文人たちを象徴する一大漁撈センターであったのかもしれない。

第5章　陸平への情熱

1　日本人による最初の発掘調査

モースへの手紙

遠い過去の縄文人たちによって残された陸平貝塚は、近現代の人びとが情熱を傾けた歴史の舞台でもあった。

維新後まもない一八七九年（明治一二）の夏、東京大学の学生、佐々木忠二郎は霞ヶ浦を訪れる。理学部生物学科に籍をおく彼の目的のひとつは、夏休みを利用しての淡水貝の研究にあった。東京から松戸に至り、そこから千葉県木下に通じる鮮魚街道を下り、途中で利根川を越えて霞ヶ浦の南岸に到達したものと思われる。おそらく徒歩旅行であったであろう。この旅のなかで佐々木は陸平貝塚を発見し、同年、一年後輩の飯島魁とともに、記念すべき日本人の手による最初の発掘調査を成し遂げる（図54）。

日本における最初の学術発掘としては、アメリカ人の動物学者エドワード・シルベスター・モースによる、東京都の大森貝塚の発掘がよく知られている（シリーズ「遺跡を学ぶ」31・加藤緑著『日本考古学の原点・大森貝塚』参照）。一八七七年（明治一〇）、シャミセンガイの研究のために横浜港に降り立ったモースは、創設されたばかりの東京大学の動物学教室の初代教授に迎えられる。

一八七三年（明治六）に開通した鉄道で東京に赴く途中、汽車の窓から鉄道敷設によって露になった大森貝塚を発見し、すぐさま発掘調査にとりかかった話は有名である。佐々木と飯島はモースの教え子にあたり、佐々木は一年生の時に大森貝塚の発掘に参加している。

佐々木・飯島の陸平貝塚発掘の経緯は不明なことが多い。しかし、昭和の終わりに、佐原真がアメリカボストン郊外のピーボディー博物館に、佐々木からモースに宛てた四通の書簡が保管されていることを突き止め、その内容を公開する。アメリカに帰ったモースが晩年、館長を勤めていたのがピーボディー博物館であった。

きれいな英文で書かれた手紙は、ところどころ佐々木自身による挿図が入り、遺物の図も添えられている（図55）。手

図54 ● 佐々木忠二郎（左）**と飯島魁**（右）
陸平貝塚発掘当時、佐々木は21歳、飯島は19歳であった。

紙はいずれも陸平貝塚の調査期間中に出されたもので、調査経過を報告し、指導を仰ぐ内容である。これによって発見から発掘に至る状況が、ある程度推測できるようになった。

発掘の様子

佐々木は夏の旅行の折に、霞ヶ浦沿岸で計五カ所の貝塚を発見するが、そのうちのひとつが陸平貝塚であった。後に「貝殻偏ク布満シテ宛も積雪ノ如ク一目して介墟ノ故跡タルヲ証スヘシ」と記されたように、モースの薫陶を受けた佐々木には、それが自然に残された貝ではなく、過去の人びとが残したものであることがすぐに理解できたことであろう。彼は手紙のなかでも、霞ヶ浦がかつて海であった証拠をいくつか挙げるなど、当初から貝塚の探索をもくろんでいた形跡がある。

同年の秋頃、再び佐々木は、飯島とともに陸平を訪れ、本格的な発掘調査を実施する。調査地点は現在の

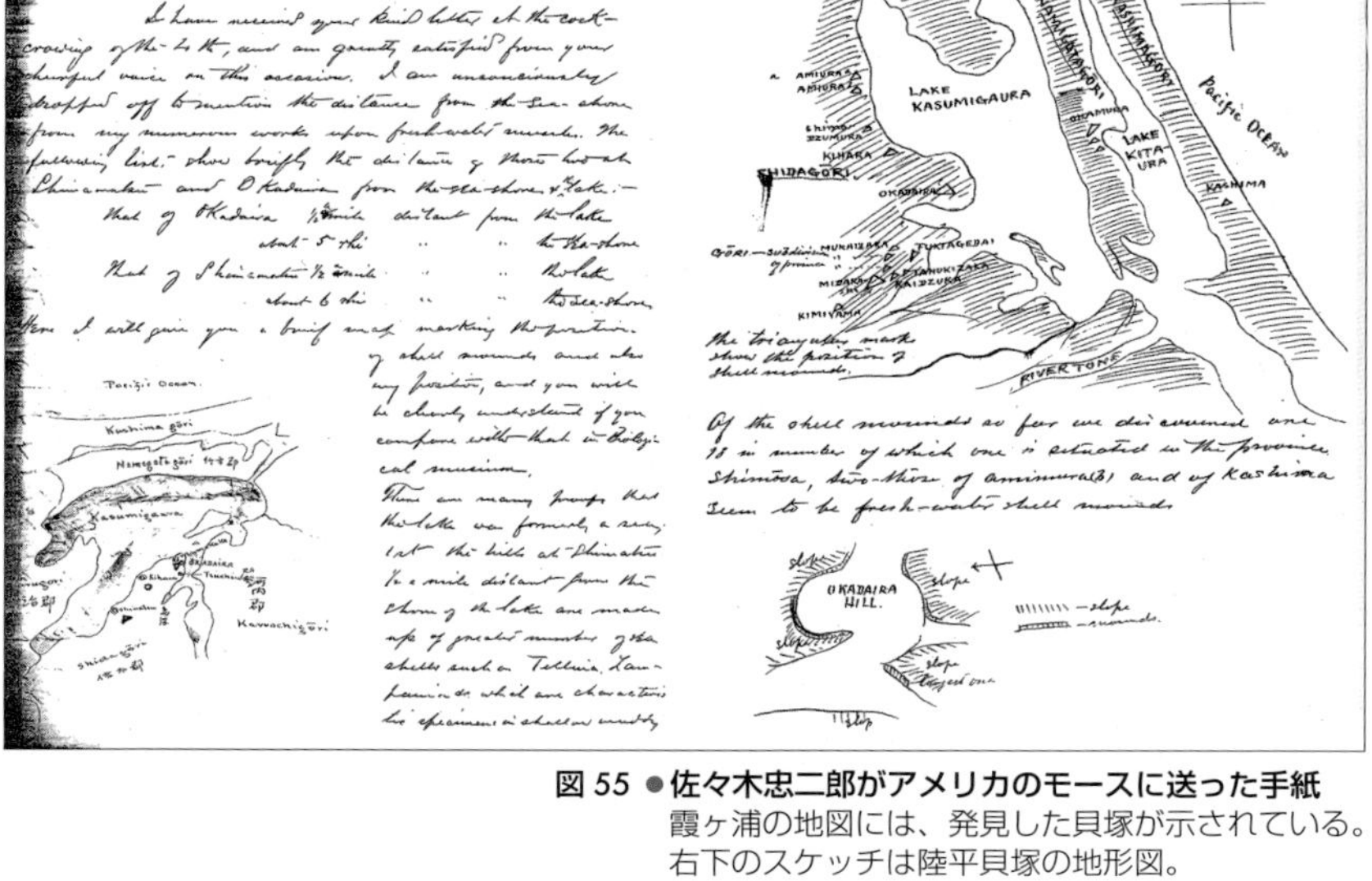

図 55 ●佐々木忠二郎がアメリカのモースに送った手紙

霞ヶ浦の地図には、発見した貝塚が示されている。右下のスケッチは陸平貝塚の地形図。

A貝塚である（図56）。また、このときには「丘の北」や「南東」でも貝塚を発見しており、現在のB貝塚、D貝塚に相当する。なお、年末から翌年にかけて第三回目の調査が、佐々木・飯島そして種田織三によっておこなわれたらしいが、詳細はよくわかっていない。どうやら報告書をまとめるための補足的な調査であったらしい。

調査の報告書は二冊出された。一冊は大学の月刊学術雑誌『学芸志林』に佐々木・飯島連名で掲載された「常州陸平介廃墟報告」である。ちなみに、陸平貝塚が所在する小字名は「岡平」である。佐々木が遺跡名に「陸平」という表記を使ったのは、これが初見となるが、その理由は明らかでない。意図的な当て字としたら、遺跡の広さを感じさせる洒落たネーミングといえる。漢文読み下し調で書かれたこの報告は、第二回目の発掘の成果を中心に書かれており、序文にも記されているように「概報」的な内容となっている。

佐々木と飯島の真骨頂は、調査より四年後に出版された英文の報告書「OKADAIRA SHELL MOUND AT HITACHI」にある。英文で書かれたのは三年前に出されたモースの大森貝塚の報告

図56 ● 大正時代の陸平A貝塚の景観
手前に白く見えるのが貝殻。佐々木・飯島が発掘した当時もこのような状況であったと思われる。

書にならったもので、広く外国の博物館などの研究機関に送ることを視野に入れていた。

英文の報告書の特徴は、出土した遺物の詳細な観察にある。土器は専門の画工による精緻な版画が掲載され、器形や部位、文様、胎土《たいど》、数量についての詳細な記述や、寸法、色調などの記載がなされている（図57）。そこには出土した資料を細大漏らさず記録し、そこから当時の様子を考察しようという、出発したばかりの学問に対する、博物学的かつ科学的な視線と情熱が感じられる。

その姿勢が顕著にあらわれているのが、生物学科の二人にとっては専門分野である貝についての記述である。当時は、学名に対応する和名がいまだ浸透していない状況であったが、二四種の同定をおこなっている。特異な遺物にかたよらず、貝までもしっかり分析対象にした研究は、動物遺体を重視する現在の貝塚研究のまさに原点というのにふさわしい。

佐々木の手紙や二冊の報告書は、モースへの敬愛の念と近代科学を担っていく熱意にあふれている。その後、佐々木は帝国大学農科大学（東京大学）の教授、飯島は東京大学動物学教室の教授として、本来の分野で学会をリードする立場になり、考古学からは離れることになる。しかし、一三〇年前とさほど変わってはいないであろうA貝塚の森に立つと、日本の近代科学の黎明期を支えた二人の若者の想いが、いまでも息づいているような感慨をおぼえる。

陸平式

東京大学の動物学教室で開始された日本の考古学は、佐々木・飯島以後の明治大正期、同大学の人類学教室に受け継がれていく。そこでは佐々木・飯島の調査では欠けていた貝層の堆積や、遺物の出土状態などが徐々に注意されるようになり、考古学独自の方法が試みられるようになっていく。

しかし反面、人種・民族論争や特異な遺物への関心が盛んになるなど、モースや佐々木・飯島がおこなった網羅的な研究姿勢や、精緻な実測による遺物の表現は一時低調になる。

だが、佐々木・飯島によって著名になった陸平貝塚には、その後も多くの研究者が訪れ、出土した遺物なども注目される。東大人類学教室に関係する八木奘三郎と下村三四吉は、千葉県の阿玉台貝塚で採集された土器が、陸平貝塚のものと似ていることに気づき、一八九四年（明治二七）に両者の関係を研究する目

図 57 ● 英文報告書の土器の図
いまの実測図にくらべると写実的な表現だが、寸法や比率は正確で、実物を計測して描かれたと思われる。

的で、阿玉台貝塚の発掘をおこなう。

　その報告のなかで両氏は、陸平貝塚や阿玉台貝塚で発見された土器と、大森貝塚で発見された土器に違いを認め、前者を「陸平風あるいは陸平式」、後者を「大森風もしくは大森式」と命名する。そして二種類の土器の違いを、貝塚の貝の種類の違いから、大森式が古く、陸平式が新しいと考えた。後に、時間的関係が逆であることが判明し、陸平式も「阿玉台式」や「加曽利E式」に細分化され、大森式ともども使用されなくなったが、土器による型式編年のさきがけといえる研究であった。さらに、陸平貝塚の資料は、大正～昭和初期に縄文土器の型式編年を確立する山内清男によって、土器の一部が標式資料としてとり上げられるなど、発掘以後も基本資料として活用されていく。

東京大学所蔵資料の調査

佐々木・飯島が発掘した資料は、いまでも東京大学総合研究博物館に収蔵されている（図

図58 ● 佐々木・飯島発掘の土器
縄文時代中期後葉、加曽利E式の標式資料。

58・59)。博物館と美浦村教育委員会では、これら学史的な基本資料を再認識するために、二〇〇三〜〇五年度にかけて、東京大学所蔵の陸平貝塚関連資料の再調査を協力事業として実施した。まずは、佐々木・飯島の発掘時の報告書や手紙に掲載された遺物と、実際の収蔵資料を照合させて再確認することからはじめ、つぎにそれらの資料の観察と、実測や写真による記録化をおこなった。そしてその成果を公表するとともに、収蔵資料のデータベース化と収納整理を実施している。

地道な資料の照合作業は、博物館の諏訪元の指導の下、東京大学の学生たちによっておこなわれた。当時大学院生であった初鹿野博之は、明治以来さまざまな時期に、整理のため遺物に記入された注記に着目し、ある発見をする。注記は墨や塗料によって書かれた文字や記号で、何種類も認められる。そのなかに、佐々木・飯島の英文報告の図版番号に対応するものや、発掘直後に大学内で展示された展示品目録と対応する記号を見出したのである。このことによって、報告書との照合だけでは確認できなかったいくつかの遺物が、あらためて佐々木・飯島の発掘資料であることが判明するなど、大きな成果が得られた。

図59 ● 佐々木・飯島発掘の土器
縄文時代後期前葉。図63の文様の土器である。

2　地元に残された研究者の足跡

大野雲外と双口土器

陸平貝塚にほど近いお宅に、「明治三七年」の日付をもつ、東京帝国大学総長・山川健次郎銘の受領証と、一九〇六年（明治三九）に描かれた二幅の遺物画が大切に保管されている（図60）。受領証は当時の当主の方が、双口土器を大学に寄贈したときのものである。遺物画のひとつには縄文時代の遺物が、もうひとつには古墳から出土したと思われる遺物が描かれ、双方には当主やその家族への献辞とともに、「大の」という銘が記されている。

この「大の」なる人物は、明治時代に東大の人類学教室に画工として勤めていた、大野雲外のことである。大野は本名を延太郎といい、画家を目指していたが、人類学教室にかかわるなかで、考古学者として大成した人物である。

大野は一八九六年（明治二九）、陸平貝塚のA貝塚とD貝塚の一部を発掘し、石棒などを得ている。その後もたびたび陸平に足を運んだようで、双口土器も大野を介して東大に寄贈されたものであった。元の持ち主の方は以前から陸平の土器を保管されていたようで、佐々木・飯島にも一部寄贈したとも伝えられる。おそらく情報交換などを通じて大野は交友を深め、寄贈や日頃のお礼として、遺物画は送られたものと思われる。

なお、これら大野の足跡は、木村芳雄をはじめとする美浦村史編纂委員の方々によって発見されたものであることを明記しておきたい。

川岸屋旅館

佐々木はモースへの手紙で、調査の際、木原《きはら》村（現美浦村）の川岸屋に滞在していると記している。川岸屋は霞ヶ浦の木原河岸《かし》で江戸時代から続く旅館で、平成の初めまで営業していた（図61）。

一九九〇年に建物を母屋に建替えることになったとき、佐々木ゆかりの旅館ということで、何度か足を運んだ。話をうかがうと、明治期の当主の方は、やはり考古学に興味をもっていたとのことで、昔は遺物も多く保管していたらしい。お宅には明治期の冒険小説家である江見水蔭の書画などが残されていた。江見は考古遺物収集家としても有名で、考古小説なども執筆している。各地の遺跡を発掘行脚しており、陸平貝塚でも発掘をおこなったことが著作に記されている。

ある日、二階の客間を見せていただくと、置き床が手前に置かれた漆喰壁に、なんと縄文土器の文様が描かれていた。一間四方の漆喰壁に、計一

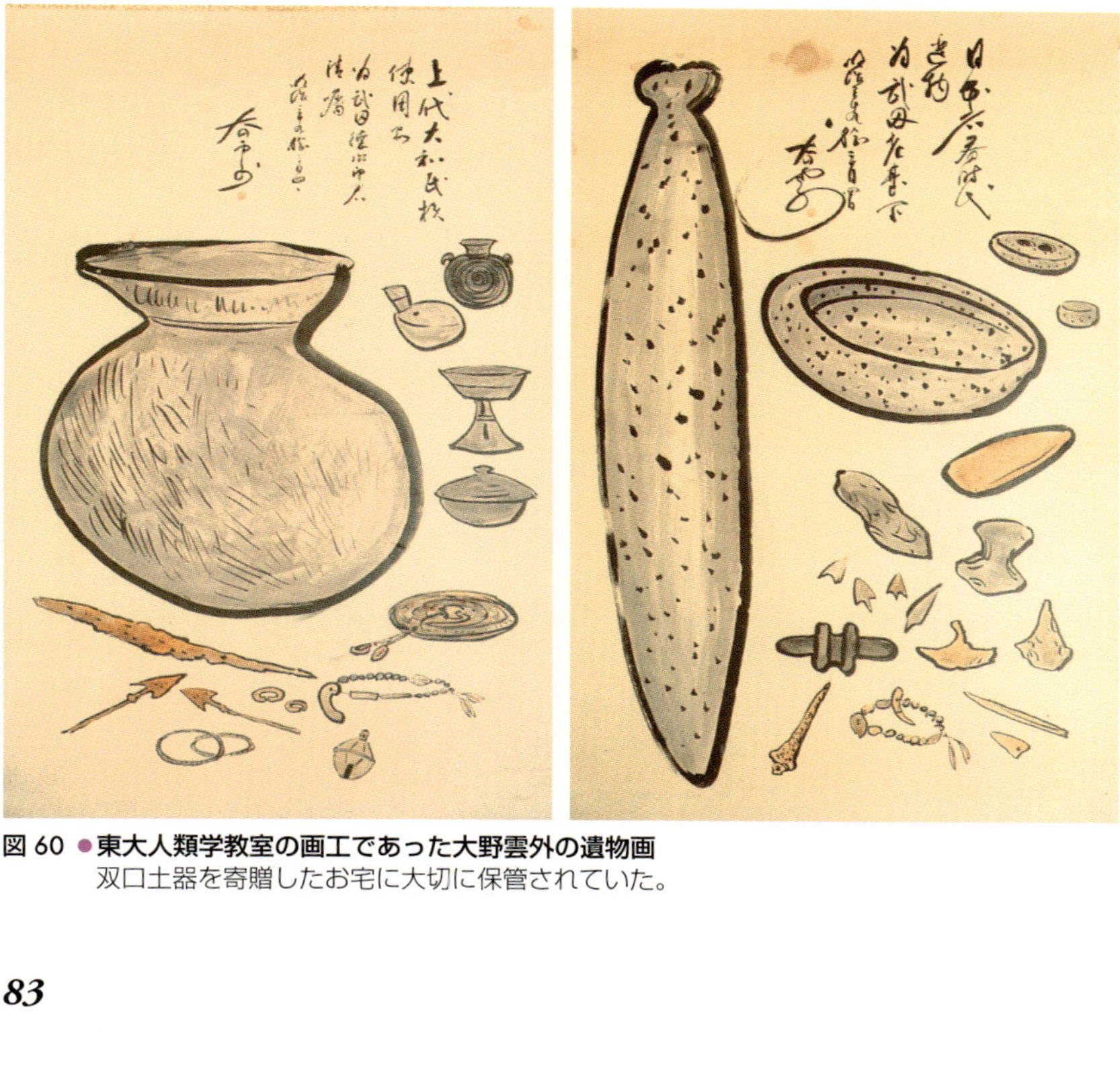

図60 ●東大人類学教室の画工であった大野雲外の遺物画
双口土器を寄贈したお宅に大切に保管されていた。

二個の展開した土器文様が、彩色をともなって残されていたのである（図62）。そしてその内のひとつは、まぎれもなく佐々木・飯島が発掘した土器の文様であった。

そのため最初は、佐々木が宿泊した際に描いたものとも考えたが、建物自体が明治中頃に建てられたということで、その可能性はなくなった。大正生まれの当主の方がものごころついたときには、すでにあったという。遅くとも大正の頃までに描かれたということになる。

解体の時期が迫っていたので、由来の不明なまま、とりあえずその壁の部分だけ切りとって保存することにした。急遽、東京国立文化財研究所の川野辺渉の指導協力を得て、壁面の養生をしたあと、土壁が壊れないように板ではさんで村の収蔵庫に運搬した。

保存後も、誰が書いたのか探索を続けていくと、ここでも大野雲外の名が浮上してきた。画家であり何度も美浦村を訪れ、地元の方と交流していたことを考えると可能性は大きい。ただ大野が川岸屋に寄ったという確実な記録はない。

しかし、大野が一九一六年（大正五）に著した『人種文様　第一篇　先住民の部』という本が手がかりとなった。土器などの原始・古代の文様を工芸美術に活かす目的で出版された、い

図61 ● 佐々木忠二郎が調査の際に泊まった川岸屋
営業していた1987年に撮影。霞ヶ浦水運で栄えた河岸の面影を残す。

わば当時のデザインブックである。彩色をともなった木版刷りの美しい本で、色こそ異なるものの、構図や大きさは、正に壁画とぴったりであった（図63）。大野が川岸屋に立ち寄ったとき、当主に請われたか饗応のお礼として描いたものなのであろう。

美浦村文化財センターがオープンする前年の二〇〇三年、一三年ぶりに壁画の枠がはずされ、

図 62 ● 川岸屋に残されていた土器文様の壁
客間の漆喰壁に直接描かれていた。文化財保存支援機構（JCP）のプロジェクトチームによって保存処理作業がおこなわれ、現在、美浦村文化財センター展示室に飾られている。

図 63 ● 大野雲外『人種文様』の陸平の文様
上は、壁画左下の文様に、下は壁画右上の文様に対応する。上は佐々木・飯島が発掘した土器の文様。

保存処理作業がおこなわれた。作業を実施したのは、文化財修復の専門家が組織したＮＰＯ法人の文化財保存支援機構（ＪＣＰ）のプロジェクトチームである。

壁画は外壁と一体であったので、まずは漆喰以外の壁土を除去しなければならない。まだ暑さの残る九月に、壁画が置かれたプレハブに宿泊しながら、作業は一カ月間にわたって続けられた。現在、川岸屋の壁画は、美浦村文化財センター展示室の入口部に、陸平貝塚と地域のかかわりを象徴するものとして飾られている。

その後、昭和に入っても陸平貝塚では、前章でもふれた戦後まもなくの酒詰仲男によるＢ貝塚の発掘や、一九六八年の明治大学考古学研究室による初めての測量調査などがおこなわれている。酒詰の調査では、日本における最初の電気探査が試みられ、地元の中学生が発掘の手伝いをしている。いまでもその時のことを憶えている方は多い。

3　〝動く博物館〟

遺跡保存と開発は並列同義

明治大学が測量調査をおこなった一九六〇年代まで、陸平貝塚では畑がつくられており、周囲の里山とともに遺跡の景観が良好に維持されていた。しかし、一九七〇年代に入ると、高度経済成長の波に乗って開発の影が忍び寄る。貝塚を含む安中台地一帯に、一大レジャー施設をつくる開発計画がもち上がったのである。計画のなかで貝塚は一応残されることになってはいたが、周囲の谷津景観が失われるなど十分なものではなかった。

この陸平の危機に対して、地元茨城県の研究団体である常総《じょうそう》台地研究会を中心に、全国の研究団体、市民団体が参加した保存運動が展開される。結局、経済状況の変化によって、この開発計画は頓挫し、貝塚は破壊から守られることになる。だが、開発計画による土地の売却に加え、折からの農業構造や生活習慣の変化によって、耕作の放棄や里山の荒廃が進み、陸平は人が踏み入らないような荒地と化していった。

一九八〇年代の後半、安中台地の荒廃化への危惧と地域活性化の必要から、新たな総合リゾート開発計画が安中台地に再びもち上がる。村が企業を誘致してのこの開発計画のなかでは、以前の経緯を踏まえ、当初から陸平貝塚を計画のシンボルととらえ、その完全に近いかたちでの保存を前提としていた。

計画を推進した当時の村長の回顧によると、時はバブル景気がはじまろうとしていたが、陸平貝塚の保存という文化事業を理解し協力してくれる企業はなかなかなかったという。最終的に、有名企業グループのトップが理解を示してくれ、一九八六年にスタートすることになる。開発計画の記者発表の折、陸平貝塚の保存を危機的に報じた新聞社があった。それに対し、村長は東京の新聞社まで乗り込み、誤解への抗議と地域への想いを訴えたこともあった。

じつは、この抗議がきっかけとなって、新たな展開が生まれる。専門の研究者が新聞社を介して紹介され、学術的な視点から保存が検討されはじめるのである。翌年、坪井清足を顧問、戸沢充則を調査団長、当時文化庁の調査官であった岡村道雄を助言者に迎え、「陸平調査会」

が組織され、すでにふれてきた保存のための総合的調査が開始される。

調査のスタートにあたって、村長はつぎのような文章を寄せている。「通常のかかる遺跡調査は開発行為に付属従属し、言わば「邪魔者は消せ」という発想および関係にあるが、今回は陸平貝塚そのものと開発は並列同義であり、精神的にはむしろ優位にあると断言できる。」

そして、この調査成果をもとに、研究者、開発企業、村当局などによる検討がいく度もおこなわれ、一九九〇年、周囲の自然景観を含めた約一四ヘクタールにおよぶ現状保存範囲が、開発計画のなかで確保されることが決まる。村の想いが、企業や研究者の想いとつながり、結実した瞬間であった。

動く博物館構想

保存範囲決定以後、陸平調査会では陸平貝塚周辺の遺跡の調査と並行して、遺跡の整備と付属博物館建設についての検討がはじめられる。そのなかでつぎの五項目からなる「陸平貝塚動く博物館構想」が、戸沢団長によって基本理念として提示される。
①陸平貝塚を永久に保護することを目的とし、同時にそれを十二分に活用する機能を果たす博物館であること。
②陸平貝塚および周辺の遺跡等の発掘を含む調査と研究が常に継続され、いつでも新しい研究の成果が　創出され、またその情報が公開・提供される博物館であること。
③貝塚研究、特に〝新しい貝塚学〟を進める拠点であることを目指す博物館であること。

④陸平貝塚の調査研究と周辺に残された豊かな自然のなかで、子供でも大人でも、だれでもが縄文人になりきり、縄文人と遊び、縄文人を理解することのできる博物館であること。

⑤地域住民の永遠の誇りと連帯の絆になるような、文化的ゾーンとしての博物館であること。

動く博物館とは、なにもハイテク技術によって展示が動くことをうたっているのではない。陸平貝塚を拠点に、地道ではあってもつねに調査や研究がおこなわれ、その成果を活用した地域に根ざした文化活動がおこなわれることをあらわしている。現在では、建物などのハード面よりも、地域における継続的なソフト活動を重視した考えは、遺跡活用の主流になっているが、提唱された二〇年前当時では先駆的な発想であった。

しかし、開発企業の全面協力のもと進められる予定であった博物館計画は、バブル景気の崩壊にともなう開発計画自体の縮小によって、いったん頓挫することになる。

草を刈る

保存は決まったものの、将来の方向性がみえなくなった陸平貝塚は、また草が生い茂り、人も近づけないような荒地に戻っていた。しかし、保存を成し遂げ、陸平の将来に夢を描いた村

図64 ● 地域住民による草刈り
篠やススキにおおわれていた遺跡が、
少しずつきれいになっていった。

当局や研究者、企業の想いは、違う形で受け継がれていく。
一九九四年、せっかく保存された陸平貝塚の価値を広く知ってもらうための活動が、地域住民の手によって動きはじめる。陸平周辺の粘土を使っていた陶芸グループや、陸平で吟行会を開催していた俚謡のグループなど以前から陸平貝塚に関心を抱いていた人びとが集まり、最初におこなった活動は、遺跡の草刈りであった（図64）。

篠藪化した広大な遺跡を切り開くのは、並大抵ではない。しかし、夏には流し素麺、冬には焼き芋などを楽しみながら、きれいになっていく陸平に、みんなやり甲斐を見出し、黙々と作業は続けられた。草を刈った場所で、親子学習会、月見の会、星空観察会などが開催され、活動の輪はさらに広がっていく。その年の暮れ、「陸平貝塚からのメッセージ」と題した、調査研究発表会が村の公民館で開催された。整備や博物館建物についてはなにも進展していない状況のなかで、戸沢充則は、「動く博物館はもう動いている」というタイトルの基調講演をおこなう。地道な住民活動を評したこの言葉は、参加者に希望を与えた。

そして、翌年、自ら汗を流すことによって、陸平への愛着を抱いた人びとは、住民ボランティア団体「陸平をヨイショする会」を結成する。これらの住民活動に後押しされる形で、村当局も「ハンズ・オン陸平」と名づけた活用事業を開始し、住民・行政協働のもとさまざまな活動を展開していく。活動内容は、月一回の草刈をはじめ、陸平貝塚でおこなう縄文ムラまつりや縄文の森コンサート、野外映画会といったイベント、講座や縄文土器づくり、縄文食復元、竪穴住居復元などに取り組む学習活動、陸平の自然に親しむワークキャンプ、野草や野鳥の観祭会、古代米栽培や竹炭づくりといった里山の復元、さらに陸平をテーマにしたフォーラム、舞台芸術、縄文太鼓、唄や音頭、人形やパズルの創作など多岐にわたる（図65）。

こうして陸平は新たな地域文化創造のシンボルとして位置づけられ、住民活動が継続的におこなわれるなか、一九九八年、開発企業による公有地化への協力もあり、念願であった国の史跡指定を受ける。そして、二〇〇四年には展示室や体験室を備えた美浦村文化財センターが、活動の拠点としてオープンした。草刈の間、陸平で木登りをしていた子どもたちが、成人式を迎えるようになっていた。

これから地域住民が主体となって、陸平貝塚の確認調査を小規模ながら継続的に実施していく試みがスタートする。

今後、本書の内容は新たな知見によって書き換えられ、陸平貝塚あるいは霞ヶ浦沿岸の貝塚の特性がより明確になっていくことだろう。そして、陸平ならではの成果は、新たな地域文化を創造していくものと信じている。

陸平には、縄文人の日々の暮らしの遠い記憶と、佐々木・飯島以来、さまざまな形で受け継がれてきた遺跡への思い、そして将来への新たな夢が託されている。

図65 ● 地域住民の活動
陸平の木立の中でおこなわれる縄文の森コンサート。

参考文献

阿部芳郎　一九八九「縄文時代早期における石器群の構成と生産活動」『駿台史学』七七　駿台史学会
阿部芳郎　一九九八「縄文土器の器種構造と地域性」『駿台史学』一〇二　駿台史学会
石川功・福田礼子他　二〇〇六『国指定史跡　上高津貝塚C地点』土浦市教育委員会
市川紀行　二〇〇三「陸平貝塚・動く博物館」『市民と学ぶ考古学』白鳥舎
伊藤富治夫他　一九八七『中山谷遺跡―第9次～11次調査―』小金井市中山谷遺跡調査会
茨城県教育委員会　一九八六『重要遺跡調査報告書Ⅲ』
茨城県教育財団　二〇〇七「茨城・美浦村・大谷貝塚―現地説明会資料から―」『文化財発掘出土情報』一〇　ジャパン通信情報センター
今村啓爾　一九九九「群集貯蔵穴と打製石斧」『考古学と民族誌』六興出版
江坂輝弥　一九七三『古代史発掘②　縄文土器と貝塚』講談社
大川清・大島秀俊他　一九七七『茨城県美浦村　虚空蔵貝塚』美浦村教育委員会
大野延太郎　一九一六『人種文様　先住民の部』芸艸堂
小笠原永隆他　一九九八『千葉東南部ニュータウン19　千葉市有吉北貝塚1』千葉県文化財センター
陸平調査会　一九八七『陸平通信１９８７』
陸平調査会　一九九五『陸平貝塚からのメッセージ―調査研究発表会記録集―』
鹿島薫・阪口豊「陸平遺跡周辺のいくつかの小規模な谷底低地における沖積層の特徴と縄文海進に伴う海域の変遷」
川村勝他　二〇〇六『陸平貝塚―調査研究報告書2・学史関連資料調査の成果―』美浦村教育委員会
佐原真　一九八八「日本近代考古学の始まるころ〈モース、シーボルト、佐々木忠二郎資料に寄せて〉」『共同研究モースと日本』小学館
塩谷修他　二〇〇〇『国指定史跡　上高津貝塚E地点』土浦市教育委員会
鈴木正博　二〇〇七「「貝塚文化」から観た「前浦式」」『茨城県考古学協会誌』一九　茨城県考古学協会
千葉県　二〇〇四『千葉県の歴史　資料編考古4　遺跡・遺構・遺物』
戸沢充則・半田純子　一九六六「茨城県法堂遺跡の調査」『駿台史学』一八　駿台史学会
戸沢充則他　一九八九『１９８７年度陸平貝塚確認調査概報および周辺地域A地区分布調査報告』陸平調査会

戸沢充則他　一九九〇『１９８８年度陸平貝塚周辺遺跡発掘調査報告および概要』陸平調査会
戸沢充則　一九九三「陸平貝塚の保存と活用―「動く博物館構想」の基礎―」『論苑考古学』天山舎
中村哲也他　一九九二『茨城県稲敷郡美浦村　陣屋敷遺跡』陸平調査会
中村哲也　一九九六「生業活動と遺跡群」『季刊考古学』五五　雄山閣
中村哲也他　二〇〇四『陸平貝塚―調査研究報告書１・１９９７年度発掘調査の成果―』美浦村教育委員会
西野雅人　二〇〇一「縄文時代中期の通年定住集落と周辺遺跡群―千葉市有吉北貝塚と中期遺跡群における居住・生産様式の検討―」『史館』三一　史館同人
西野雅人　二〇〇五「東京湾東岸の大型貝塚を支えた生産居住様式」『地域と文化の考古学Ⅰ』明治大学文学部考古学研究室
西村正衛　一九八四『石器時代における利根川下流域の研究』早稲田大学出版部
初鹿野博之他　二〇〇六『東京大学総合研究博物館　人類先史部門所蔵　陸平貝塚出土標本』東京大学総合研究博物館
平岡和夫他　一九九五『地蔵平遺跡・地蔵窪貝塚』石岡市教育委員会
IIJIMA.C.SASAKI 1883「OKADAIRA SHELL MOUND AT HITACHI」『AN APPENDIX TO MEMOIR VOL I .PART I OF THE SCIENCE DEPARTMENT,TOKYO DAIGAKU(UNIVERSITY OF TOKYO)』

協力者
赤澤威・阿部芳郎・野口和己子・川村勝・黒住耐二・駒沢悦郎・諏訪元・武田四郎・樋泉岳二・葉梨丈夫・吹野富美夫・山本享全・米田穣・（財）茨城県教育財団・陸平をヨイショする会・東京大学総合研究博物館・美浦村教育委員会・明治大学文学部考古学研究室

美浦村文化財センター（陸平研究所）

- 茨城県稲敷郡美浦村土浦 2359 番地
- 電話　029（886）0291
- 開館時間　9：00 ～ 17：00
- 休館日　月曜日（祝日の場合は翌火曜も休館）、国民の祝日、12 月 18 日～ 1 月 14 日
- 入館料　無料
- アクセス　JR 土浦駅西口バス①のりば木原経由江戸崎行きで「谷津入」下車タクシーで約 5 分。車で、常磐自動車道「桜土浦IC」より国道125号バイパスで約 40 分。
- 展示室で陸平貝塚はじめ村内の遺跡出土資料を展示。また第 1 章に紹介したように、隣接する陸平貝塚公園では、谷津の地形も含めて景観が良好に残されている貝塚を実際に歩いて見学できる。

刊行にあたって

「遺跡には感動がある」。これが本企画のキーワードです。

あらためていうまでもなく、専門の研究者にとっては遺跡の発掘こそ考古学の基礎をなす基本的な手段です。また、はじめて考古学を学ぶ若い学生や一般の人びとにとって「遺跡は教室」です。

日本考古学では、もうかなり長期間にわたって、発掘・発見ブームが続いています。そして、毎年厖大な数の発掘調査報告書が、主として開発のための事前発掘を担当する埋蔵文化財行政機関や地方自治体などによって刊行されています。そこには専門研究者でさえ完全には把握できないほどの情報や記録が満ちあふれています。しかし、その遺跡の発掘によってどんな学問的成果が得られたのか、その遺跡やそこから出た文化財が古い時代の歴史を知るためにいかなる意義をもつのかなどといった点を、莫大な記述・記録の中から読みとることははなはだ困難です。ましてや、考古学に関心をもつ一般の社会人にとっては、刊行部数が少なく、数があっても高価なその報告書を手にすることすら、ほとんど困難といってよい状況です。

いま日本考古学は過多ともいえる資料と情報量の中で、考古学とはどんな学問か、また遺跡の発掘から何を求め、何を明らかにすべきかといった「哲学」と「指針」が必要な時期にいたっていると認識します。

本企画は「遺跡には感動がある」をキーワードとして、発掘の原点から考古学の本質を問い続ける試みとして、日本考古学が存続する限り、永く継続すべき企画と決意しています。いまや、考古学にすべての人びとの感動を引きつけることが、日本考古学の存立基盤を固めるために、欠かせない努力目標の一つです。必ずや研究者のみならず、多くの市民の共感をいただけるものと信じて疑いません。

監　修　戸沢　充則

編集委員　勅使河原彰　小野　昭　小野　正敏　石川日出志　小澤　毅　佐々木憲一

著者紹介

中村哲也（なかむら・てつや）

1963年、東京都生まれ。
明治大学大学院文学研究科考古学専攻博士前期課程修了。
現在、美浦村教育委員会、学芸員。

写真提供

図1　川村　勝
図38〜40・56・58・59　東京大学総合研究博物館
図51　茨城県教育財団
図47・48　明治大学博物館
上記以外　美浦村教育委員会

図版出典

図3：美浦村教育委員会パンフレットより、図8：江坂1973より作図、図9：西野2001・千葉県2004・黒浜貝塚パンフレットより作図、図11：鹿島・阪口論文より作図、図20・23：樋泉岳二氏提供データ・中村他2004より作図、図25：戸沢他1989・中村他2004等より作図、図28：中村他2004より、図30：西村1984より、図36：伊藤他1987・小笠原他1998・中村他2004より作図、図37：米田穣氏提供、図41・44：陸平調査会1995・中村1996等から作図、図46：美浦村教育委員会提供、図52：平岡他1995より作図、図53：茨城県教育委員会1986・茨城県教育財団2007・大川他1977・中村他2004・西村1984等より作図、図54・55：川村他2006より、図57：I.IIJIMA他1883より

シリーズ「遺跡を学ぶ」045

霞ヶ浦の縄文景観・陸平《おかだいら》貝塚

2008年 4月15日　第1版第1刷発行

著　者＝中村哲也

発行者＝株式会社 新 泉 社
東京都文京区本郷2-5-12
振替・00170-4-160936番　TEL03(3815)1662／FAX03(3815)1422
印刷／萩原印刷　製本／榎本製本

ISBN978-4-7877-0835-9　C1021

シリーズ「遺跡を学ぶ」

A5判／96頁／定価1500円＋税

◉第Ⅰ期（全31冊・完結）

01 北辺の海の民・モヨロ貝塚　米村　衛
02 天下布武の城・安土城　木戸雅寿
03 古墳時代の地域社会復元・三ツ寺Ⅰ遺跡　若狭　徹
04 原始集落を掘る・尖石遺跡　勅使河原彰
05 世界をリードした磁器窯・肥前窯　大橋康二
06 五千年におよぶムラ・平出遺跡　小林康男
07 豊饒の海の縄文文化・曽畑貝塚　木﨑康弘
08 未盗掘石室の発見・雪野山古墳　佐々木憲一
09 氷河期を生き抜いた狩人・矢出川遺跡　堤　隆
10 描かれた黄泉の世界・王塚古墳　柳沢一男
11 江戸のミクロコスモス・加賀藩江戸屋敷　追川吉生
12 北の黒曜石の道・白滝遺跡群　木村英明
13 古代祭祀とシルクロードの終着地・沖ノ島　弓場紀知
14 黒潮を渡った黒曜石・見高段間遺跡　池谷信之
15 縄文のイエとムラの風景・御所野遺跡　高田和徳
16 鉄剣銘一一五文字の謎に迫る・埼玉古墳群　高橋一夫
17 石にこめた縄文人の祈り・大湯環状列石　秋元信夫
18 土器製塩の島・喜兵衛島製塩遺跡と古墳　近藤義郎
19 縄文の社会構造をのぞく・姥山貝塚　堀越正行
20 大仏造立の都・紫香楽宮　小笠原好彦
21 律令国家の対蝦夷政策・相馬の製鉄遺跡群　飯村　均
22 筑紫政権からヤマト政権へ・豊前石塚山古墳　長嶺正秀
23 弥生実年代と都市論のゆくえ・池上曽根遺跡　秋山浩三
24 最古の王墓・吉武高木遺跡　常松幹雄
25 石槍革命・八風山遺跡群　須藤隆司
26 大和葛城の大古墳群・馬見古墳群　河上邦彦
27 南九州に栄えた縄文文化・上野原遺跡　新東晃一
28 泉北丘陵に広がる須恵器窯・陶邑遺跡群　中村　浩
29 東北古墳研究の原点・会津大塚山古墳　辻　秀人
30 赤城山麓の三万年前のムラ・下触牛伏遺跡　小菅将夫
別01 黒耀石の原産地を探る・鷹山遺跡群　黒耀石体験ミュージアム

◉第Ⅱ期（全20冊・好評刊行中）

31 日本考古学の原点・大森貝塚　加藤　緑
32 斑鳩に眠る二人の貴公子・藤ノ木古墳　前園実知雄
33 聖なる水の祀りと古代王権・天白磐座遺跡　辰巳和弘
34 吉備の弥生大首長墓・楯築弥生墳丘墓　福本　明
35 最初の巨大古墳・箸墓古墳　清水眞一
36 中国山地の縄文文化・帝釈峡遺跡群　河瀬正利
37 縄文文化の起源をさぐる・小瀬ヶ沢・室谷洞窟　小熊博史
38 世界航路へ誘う港市・長崎・平戸　川口洋平
39 武田軍団を支えた甲州金・湯之奥金山　谷口一夫
40 中世瀬戸内の港町・草戸千軒町遺跡　鈴木康之
41 松島湾の縄文カレンダー・里浜貝塚　会田容弘
42 地域考古学の原点・月の輪古墳　近藤義郎・中村常定
43 天下統一の城・大坂城　中村博司
44 東山道の峠の祭祀・神坂峠遺跡　市澤英利
45 霞ヶ浦の縄文景観・陸平貝塚　中村哲也